社会科授業サポートBOOKS

面白ネタ&ランキングで覚える
都道府県
完全学習BOOK

阿部雅之 著

明治図書

はじめに

都道府県が「そこ」にある「生きた」ものとして

これは保護者の皆様の育児を助け，そして先生方の働き方改革を叶える本です。

筆者は小学生の時から社会科が大好きでした。中学生になっても，高校生になってもそれは変わらず，大学でも社会科教育学を専攻するほど社会科のことばかり考えていましたし，今もその大好きさは変わりません。ただ，大きな問題があったのです。それは，「社会科が得意だったわけではない」ということです。実は，都道府県の位置を完全に覚えたのが大学の卒業間近のころでした。

覚えられた理由はいたって簡単。それは「全国に旅行に行ったこと」です。結局小難しい理屈ではなく，自分の身近に感じること以上に物事を自分の脳に刻む手っ取り早い方法はないのです。

しかし，小学生や中学生にそれをすることは，基本的に不可能です。共働き家庭が増える今，家庭に求めすぎることもできないでしょう。では，他の方法はないものか……。20年ほど考え続けた結果が「ランキングを利用すること」でした。日本では何でもランキングにするということがさかんですし，それを見るのが大好きです（毎日テレビで星占いが放送されていることからも明確です）。このランキングを利用することで都道府県を身近に感じ，覚えるきっかけになるだろうと考えたのです。本書の特徴は以下の通りです。

①ベーシックな「白地図」で地方ごとの位置・漢字を覚える

都道府県の位置を覚えようと思っても，名前を知らなければどうしようもありません。まずは白地図を使ってベーシックに位置と漢字を覚えましょう。でも，ここにこだわりすぎると地図嫌いを増やすきっかけになるので，くれぐれも注意しましょう。

②地方ごとのランキングで位置を覚える

次にいよいよランキングを用いた学習の登場です。人口，面積などの基本データ，その地方の特徴がわかるもの，そして最後に「えっ，そうだったの!?」という面白いランキングを見て，白地図に数を書くという単純な作業を繰り返して少しずつ覚えていきます。

③名前と位置だけでなく，応用の情報も学習できる

　小学校での学習であれば都道府県の位置と漢字だけ覚えれば OK だと思います。しかし，物足りない人たちのために県庁所在地や平野，山地などの名前などを覚えるパートも入れています。山や川に関しては，地方ごとのランキングと全国でのランキングも入れることで驚きを感じられるようにしています（標高や川の長さなど）。

④最後に全国の中のランキングで都道府県を覚える

　地方ごとの学習の後は，全国の中で都道府県を覚える学習をします。47都道府県それぞれの全国１位のモノ・コト，そして，これも日本で盛んな「日本三〇〇」をピックアップして掲載しています。これらを白地図に書き込みながら都道府県を覚えていくのです。

　さぁ，今までにない都道府県学習の旅へ行ってらっしゃい‼

阿部　雅之

CONTENTS

はじめに　2

01　北海道・東北地方

📍 北海道・東北地方を覚えよう！　6

📍 思わず話したくなる！北海道・東北地方の面白ネタ　8

　✏ 練習をしよう！／面白ランキングで道県の特徴と位置を覚えよう！／山・川を覚えよう！

　　平野・台地・高地を覚えよう！／道県庁所在地を覚えよう！

📍 もっと！北海道・東北地方の道県の位置を覚えるための面白ランキング　24

02　関東地方

📍 関東地方を覚えよう！　26

📍 思わず話したくなる！関東地方の面白ネタ　28

　✏ 練習をしよう！／面白ランキングで都県の特徴と位置を覚えよう！

　　山・川・平野を覚えよう！／都県庁所在地を覚えよう！

📍 もっと！関東地方の都県の位置を覚えるための面白ランキング　42

03　中部地方

📍 中部地方を覚えよう！　44

📍 思わず話したくなる！中部地方の面白ネタ　46

　✏ 練習をしよう！／面白ランキングで県の特徴と位置を覚えよう！

　　山・川・平野を覚えよう！／県庁所在地を覚えよう！

📍 もっと！中部地方の県の位置を覚えるための面白ランキング　60

4

04 近畿地方

- 近畿地方を覚えよう！ 62
- 思わず話したくなる！近畿地方の面白ネタ 64
  - 練習をしよう！／面白ランキングで府県の特徴と位置を覚えよう！
  - 山・川・平野を覚えよう！／府県庁所在地を覚えよう！
- もっと！近畿地方の府県の位置を覚えるための面白ランキング 78

05 中国・四国地方

- 中国・四国地方を覚えよう！ 80
- 思わず話したくなる！中国・四国地方の面白ネタ 82
  - 練習をしよう！／面白ランキングで県の特徴と位置を覚えよう！
  - 山・川・平野を覚えよう！／県庁所在地を覚えよう！
- もっと！中国・四国地方の県の位置を覚えるための面白ランキング 96

06 九州・沖縄地方

- 九州・沖縄地方を覚えよう！ 98
- 思わず話したくなる！九州・沖縄地方の面白ネタ 100
  - 練習をしよう！／面白ランキングで県の特徴と位置を覚えよう！
  - 山・川・平野を覚えよう！／県庁所在地を覚えよう！
- もっと！九州・沖縄地方の県の位置を覚えるための面白ランキング 114

07 日本全国

- 日本全国の都道府県を覚えよう！ 116
- 思わず話したくなる！日本の面白ネタ 117
  - ランキングで都道府県の特徴と位置を覚えよう！
- もっと！都道府県の位置を覚えるための面白ネタ 130

おわりに 132

CONTENTS ● **5**

01 北海道・東北地方

北海道・東北地方を覚えよう！

青森県　県庁所在地：青森市
人口：123万人（全国31位）
面積：9645km²（全国8位）
特産・名物：りんご，ごぼう
有名な場所：三内丸山遺跡，白神山地
有名なこと：ねぶた祭
その他：第一次産業従事者割合全国1位

秋田県　県庁所在地：秋田市
人口：95万人（全国38位）
面積：11637km²（全国6位）
特産・名物：あきたこまち，比内地鶏
有名な場所：八郎潟，白神山地
有名なこと：大曲の花火
その他：ナマハゲでも有名

山形県　県庁所在地：山形市
人口：105万人（全国36位）
面積：9323km²（全国9位）
特産・名物：さくらんぼ，米沢牛
有名な場所：蔵王
有名なこと：花笠まつり，芋煮会
その他：果樹栽培がとにかくさかん

福島県　県庁所在地：福島市
人口：183万人（全国21位）
面積：13784km²（全国3位）
特産・名物：もも，会津桐
有名な場所：会津若松城，猪苗代湖
有名なこと：相馬野馬追，わらじまつり
その他：浜通り，中通り，会津に分かれる

宮城県　県庁所在地：仙台市
人口：230万人（全国14位）
面積：7282km²（全国16位）
特産・名物：牡蠣，サメ類，牛タン焼き
有名な場所：松島，仙台城
有名なこと：七夕まつり
その他：夏にやませの影響がある

地方の特徴

全体として
○冷涼な気候が特徴（つまり他の地域より寒い）。
○食料生産がとにかくさかん。面積と環境，そして人々の工夫によるもの。

少し細かく見ると……
★東北地方は，真ん中を通る奥羽山脈の東西で気候が全然違う！
○日本海側は冬に多くの雪が降る。
　風が日本海でたっぷり水分を吸収して奥羽山脈にぶつかって雪が降る。
　夏はフェーン現象の影響を受ける。

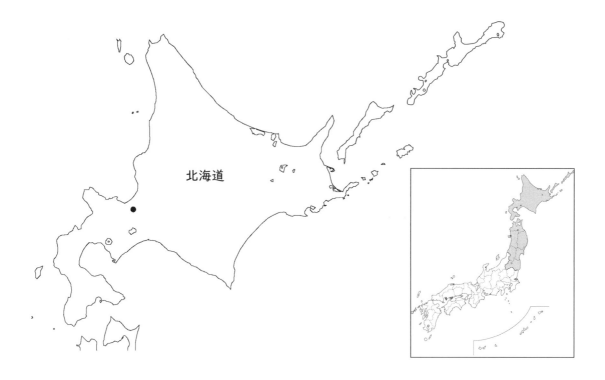

岩手県　　県庁所在地：盛岡市
人口：121万人（全国32位）
面積：15275㎢（全国2位）
特産・名物：さんま，わんこそば
有名な場所：中尊寺金色堂
有名なこと：初さんま祭，こたつ列車
その他：リアス式海岸が広がる。夏はやませ

北海道　　道庁所在地：札幌市
人口：522万人（全国8位）
面積：83424㎢（全国1位）
特産・名物：農業生産額全国1位
有名な場所：知床など
有名なこと：さっぽろ雪まつり，YOSAKOI
　　　　　　ソーラン祭り
その他：冷帯（亜寒帯）。平均気温5～10℃

01　北海道・東北地方

思わず話したくなる！

北海道・東北地方の面白ネタ

位置の覚え方

北海道と青森県は覚えやすい。その他は，岩手県から時計回りに。

岩手→宮城→福島→山形→秋田 「い　み　ふ　や。(意味不明だ)　飽きた。」

おまけ・県庁所在地の覚え方

岩手県から時計回りに。盛岡→仙台→福島→山形→秋田

「もり　セン，福　山　飽きた（森先生，福山飽きた！）」

都道府県別！面白ネタ

北海道

新潟，山梨，東京，埼玉，神奈川，石川，滋賀，京都，大阪，奈良，香川，徳島，宮崎，佐賀，沖縄を合わせた面積より大きい。

青森

りんごジュースのみの自動販売機がある。

実は相撲王国。戦後だけでも６人の横綱輩出。

岩手

早起きランキング２位。

方言の「おしずかに」＝「気をつけて」の意味。気をつけてつかおう！

宮城

日本一低い山「日和山」がある。

国内初の金の産地！　奈良の大仏の「金」は宮城県産だった。

福島

郡山市のセブンイレブンは日本初の24時間営業を開始したコンビニ。

「ドラえもんのび太の恐竜」のピー助は「フタバスズキリュウ」という種類。実際はいわき市で高校生の鈴木くんが発見。学名は「フタバサウルス・スズキイ」。

山形

実は伊達政宗の出身地。

全国で唯一，全市町村に温泉がある。

秋田

かつては全国２番目の大きさの湖が八郎潟であった。

名物，「ババヘラアイス」は道端で女性たちがアイスを売っているというもの（美味！）。

北海道・東北地方の練習をしよう！①

年　　組　名前（　　　　　　　　　）

都道府県の漢字をなぞり，右に練習しよう。空いている□は忘れそうな県(道)の漢字を書こう。

① 北海道	北	② 青森	青
③ 秋田	秋	④ 岩手	岩
⑤ 山形	山	⑥ 宮城	宮
⑦ 福島	福	(漢字練習)	(漢字練習)
(漢字練習)	(漢字練習)	(漢字練習)	(漢字練習)

01　北海道・東北地方

北海道・東北地方の練習をしよう！②

年　　組　名前（　　　　　　　　）

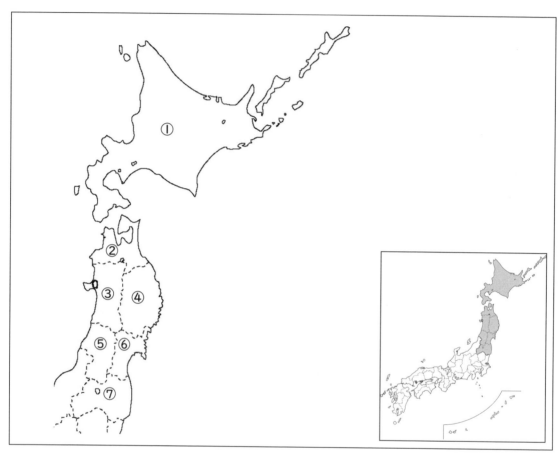

都道府県の名前を書こう。1つ10点（漢字で書ければ1つ20点）。

①	②	③	④
⑤	⑥	⑦	（漢字練習）
（漢字練習）	（漢字練習）	（漢字練習）	（漢字練習）
（漢字練習）	（漢字練習）	（漢字練習）	（漢字練習）
（漢字練習）	（漢字練習）	（漢字練習）	（漢字練習）

面白ランキングで
北海道・東北地方の道県の特徴と位置を覚えよう！①

年　　組　名前（　　　　　　　　　）

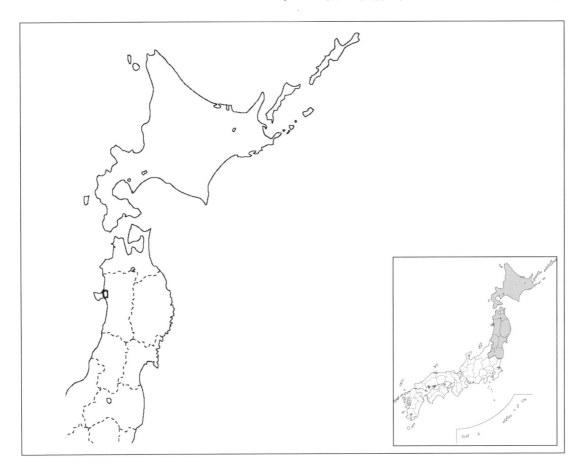

👑 1　北海道・東北地方人口ランキング（2020年）

黒で上の地図に1位は①，2位は②，3位は③と書こう。

1位：北海道（全国8位）　2位：宮城県（全国14位）　3位：福島県（全国21位）

👑 2　北海道・東北地方さくらんぼ（桜桃）生産ランキング（2022年）

赤で上の地図に1位は①，2位は②，3位は③と書こう。

1位：山形県（全国1位）　2位：北海道（全国2位）　3位：秋田県（全国4位）

（苦手な都道府県の漢字練習）	（苦手な都道府県の漢字練習）	（苦手な都道府県の漢字練習）

01　北海道・東北地方　●11

面白ランキングで
北海道・東北地方の道県の特徴と位置を覚えよう！②

年　　組　名前（　　　　　　　　　）

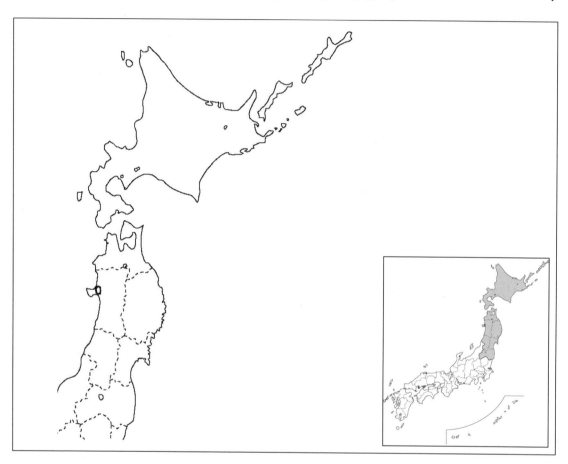

👑 1　北海道・東北地方面積ランキング

<u>黒で上の地図に1位は①，2位は②，3位は③と書こう。</u>

1位：北海道（全国1位）　2位：岩手県（全国2位）　3位：福島県（全国3位）

👑 2　北海道・東北地方ほうれんそう食べる量都市ランキング (2021〜2023年平均)

<u>赤で上の地図に1位は①，2位は②，3位は③と書こう。</u>

1位：盛岡市（岩手県　全国1位）　2位：秋田市（秋田県　全国2位）
3位：仙台市（宮城県　全国3位）

（苦手な都道府県の漢字練習）	（苦手な都道府県の漢字練習）	（苦手な都道府県の漢字練習）

面白ランキングで
北海道・東北地方の道県の特徴と位置を覚えよう！③

年　　組　名前（　　　　　　　　）

👑 1　北海道・東北地方の馬肉（枝肉）の生産ランキング（2021年）

黒で上の地図に1位は①，2位は②，3位は③と書こう。

1位：福島県（全国2位）　2位：青森県（全国4位）　3位：山形県（全国6位）

👑 2　北海道・東北地方の睡眠時間（週当たり）ランキング（2021年）

赤で上の地図に1位は①，2位は②，3位は③と書こう。

1位：青森県（484分　全国1位）　2位：秋田県（483分　全国2位）

3位：宮城県（482分　全国4位）

（苦手な都道府県の漢字練習）	（苦手な都道府県の漢字練習）	（苦手な都道府県の漢字練習）

面白ランキングで
北海道・東北地方の道県の特徴と位置を覚えよう！④

年　　組　名前（　　　　　　　　）

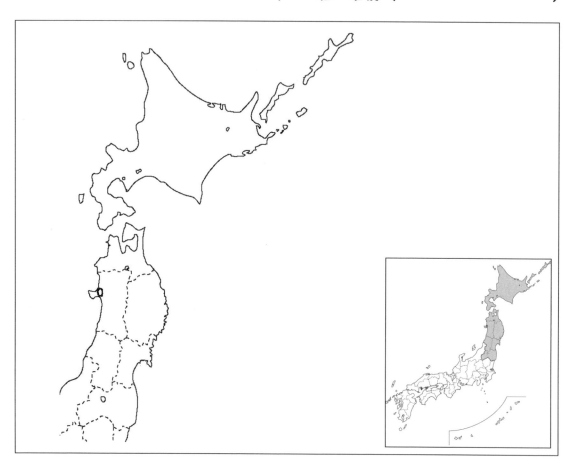

👑 1　北海道・東北地方の中華めんにお金を使う都市ランキング（2021～2023年平均）

黒で上の地図に１位は①，２位は②，３位は③と書こう。

１位：山形市（山形県　全国１位）　２位：仙台市（宮城県　全国４位）

３位：福島市（福島県　全国５位）

👑 2　北海道・東北地方の雁（ガン）類生息数ランキング（2021年）

赤で上の地図に１位は①，２位は②，３位は③と書こう。

１位：宮城県（全国１位）　２位：岩手県（全国２位）　３位：秋田県（全国３位）

（苦手な都道府県の漢字練習）	（苦手な都道府県の漢字練習）	（苦手な都道府県の漢字練習）

面白ランキングで
北海道・東北地方の道県の特徴と位置を覚えよう！⑤

年　　組　名前（　　　　　　　　）

※河川については、地図では本流を記載し、ランキングでは支流を含めた都道府県を記載している

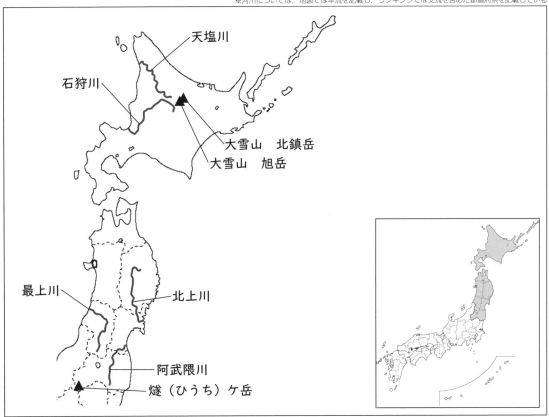

👑 1 北海道・東北地方の川の長さランキング（ここは5位まで紹介）

黒で上の地図に1位は①，2位は②，3位は③，4位は④，5位は⑤と書こう。

1位：石狩川（北海道　268km　全国3位）　2位：天塩川（北海道　256km　全国4位）
3位：北上川（岩手・宮城　249km　全国5位）
4位：阿武隈川（福島・宮城・山形　239km　全国6位）　5位：最上川（山形・宮城　229km　全国7位）

👑 2 北海道・東北地方の山の高さランキング

赤で上の地図に1位は①，2位は②，3位は③と書こう。

1位：燧（ひうち）ケ岳（福島　2356m　全国185位）
2位：大雪山　旭岳（北海道　2291m　全国194位）
3位：大雪山　北鎮岳（北海道　2244m　全国196位）

01　北海道・東北地方　●15

北海道・東北地方の道県の位置を覚えよう！①
　　　　名前（　　　　　　　　）

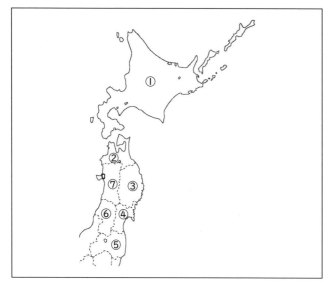

①
②
③
④
⑤
⑥
⑦

北海道・東北地方の道県の位置を覚えよう！②
　　　　名前（　　　　　　　　）

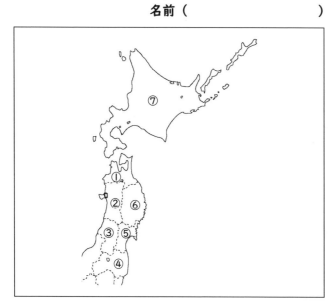

①
②
③
④
⑤
⑥
⑦

北海道・東北地方の道県の位置を覚えよう！③
　　　名前（　　　　　　　　）

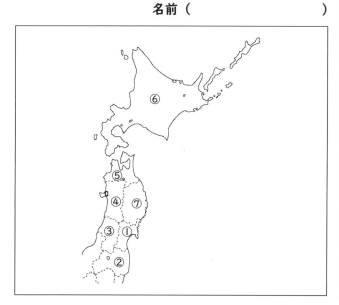

①
②
③
④
⑤
⑥
⑦

北海道・東北地方の道県の位置を覚えよう！④
　　　名前（　　　　　　　　）

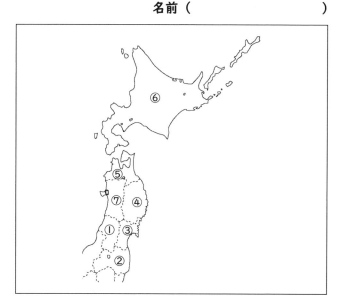

①
②
③
④
⑤
⑥
⑦

北海道・東北地方の山・川を覚えよう！①

年　　組　名前（　　　　　　　　）

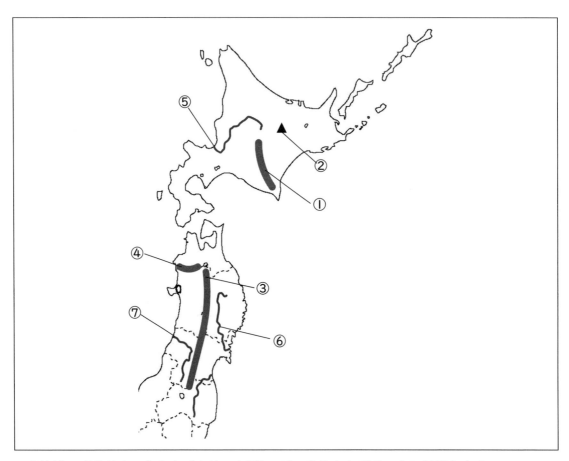

北海道・東北地方の主な山（山地・山脈）・川の名前をなぞり，右に練習しよう。

①日高山脈	日	②大雪山	大
③奥羽山脈	奥	④白神山地	白
⑤石狩川	石	⑥北上川	北
⑦最上川	最	（漢字練習）	（漢字練習）

北海道・東北地方の山・川を覚えよう！②

年　　組　名前（　　　　　　　　）

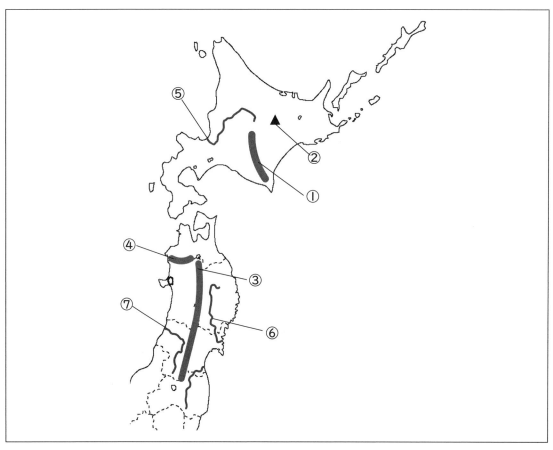

北海道・東北地方の主な山（山地・山脈）・川の名前を書こう。

①	②	③	④
			（漢字練習）
⑤	⑥	⑦	
（漢字練習）	（漢字練習）	（漢字練習）	（漢字練習）

01　北海道・東北地方

北海道・東北地方の平野・台地・高地を覚えよう！①

年　　組　名前（　　　　　　　　）

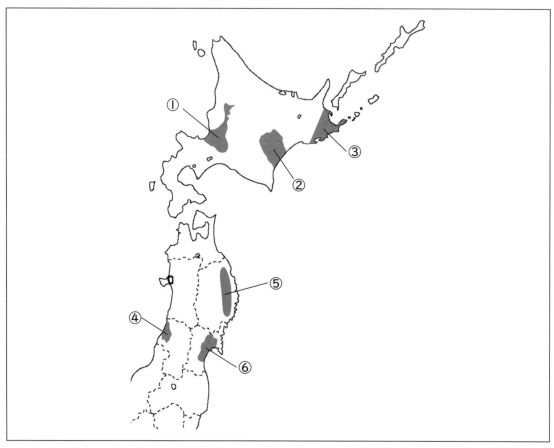

北海道・東北地方の主な平野・台地・高地の名前をなぞり，右に練習しよう。

①石狩平野	石	②十勝平野	十
③根釧台地	根	④庄内平野	庄
⑤北上高地	北	⑥仙台平野	仙
（漢字練習）	（漢字練習）	（漢字練習）	（漢字練習）

北海道・東北地方の平野・台地・高地を覚えよう！②

年　組　名前（　　　　　　　）

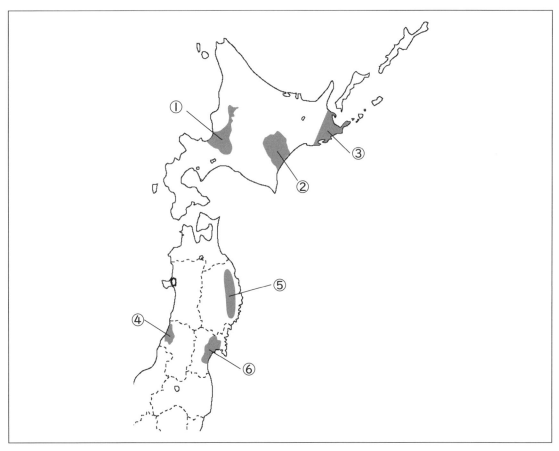

北海道・東北地方の平野・台地・高地の名前を書こう。

①	②	③	④
		（漢字練習）	（漢字練習）
⑤	⑥		
（漢字練習）	（漢字練習）	（漢字練習）	（漢字練習）

01　北海道・東北地方

北海道・東北地方の道県庁所在地を覚えよう！①

年　　組　名前（　　　　　　　　）

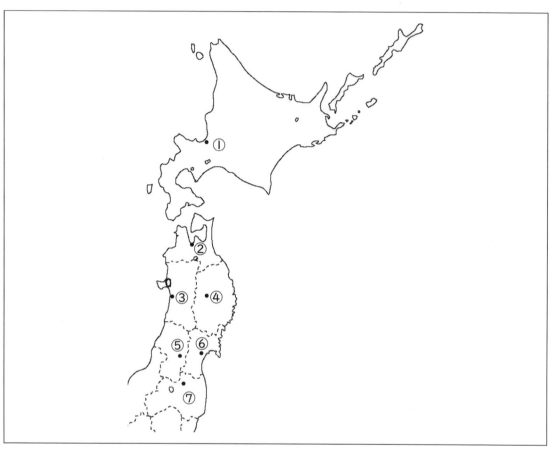

北海道・東北地方の道県庁所在地の名前をなぞり，右に練習しよう。

① 札幌	札	② 青森	青
③ 秋田	秋	④ 盛岡	盛
⑤ 山形	山	⑥ 仙台	仙
⑦ 福島	福	（漢字練習）	（漢字練習）

北海道・東北地方の道県庁所在地を覚えよう！②

年　　組　名前（　　　　　　　　　　）

北海道・東北地方の道県庁所在地の名前を書こう。

①	②	③	④
			（漢字練習）
⑤	⑥	⑦	
（漢字練習）	（漢字練習）	（漢字練習）	（漢字練習）
（漢字練習）	（漢字練習）	（漢字練習）	（漢字練習）

01　北海道・東北地方　23

もっと！北海道・東北地方の道県の位置を覚えるための面白ランキング

ランキングをみて，白地図で場所を何度も確認しよう！

♛ 北海道・東北地方深い湖のランキング

1位…田沢湖（秋田県　423.4m）／ 2位…支笏湖（北海道　360.1m）／
3位…十和田湖（青森県　326.8m）

※十和田湖は最深部の県。

♛ 北海道・東北地方早起きランキング（2021年）

1位…青森県（全国1位）／ 2位…岩手県（全国2位）／ 3位…秋田県（全国3位）

※青森県は最新の調査で睡眠時間と早起きの2冠を達成。名実ともに「早寝早起き」県。

♛ 北海道・東北地方炭酸飲料に使うお金の多い都市ランキング（2021〜2023年）

1位…山形市（山形県　全国1位）／ 2位…盛岡市（岩手県　全国2位）／
3位…青森市（青森県　全国3位）

※山形県は「ラーメン県」として売り出し中！ 2024年には「ラーメン県そば王国フェスタ」が開催！

♛ 北海道・東北地方納豆に使うお金の多い都市ランキング（2021〜2023年）

1位…盛岡市（岩手県　全国1位）／ 2位…秋田市（秋田県　全国2位）／
3位…山形市（山形県　全国5位）

※岩手県には他にも宮沢賢治関係の施設もある。奇跡の一本松にも是非行ってみて。

♛ 北海道・東北地方「合いびき肉」に使うお金の少ない都市ランキング（2021〜2023年）

1位…福島市（福島県　全国1位）／ 2位…青森市（青森県　全国2位）／
3位…盛岡市（岩手県　全国3位）

※福島県は他にも「桃の購入」に関して全国1位。本当においしい。

♛ 北海道・東北地方年間平均気温の低いランキング（2022年）

1位…北海道（全国1位）／ 2位…岩手県（全国2位）／ 3位…青森県（全国3位）

※他にも北海道は「鮭消費量」も全国1位（一方で，ブリの消費金額は全国最下位）。北海道

は色々強すぎる。

参考文献・資料　📖🔍 北海道・東北地方 （2024年3月5日最終閲覧）

農林水産省「令和4年産果樹生産出荷統計」

農林水産省「令和4年漁業・養殖業生産統計」

農林水産省「令和4年畜産物流通統計」

総務省統計局「令和2年国勢調査」

総務省統計局「統計でみる都道府県のすがた2024」

総務省統計局家計調査「2021年〜2023年平均品目別都道府県庁所在市及び政令指定都市ランキング」

国土交通省「一級河川の河川延長等調＊水系別・指定年度別・地整整備局等別延長等調」

総務省統計局「社会生活基本調査から分かる都道府県ランキング」

環境省「報道発表資料　第52回ガンカモ類の生態調査（全国ガンカモ一斉調査）」

睡眠時間ランキング　https://www.stat.go.jp/data/shakai/2021/rank/zuhyou/rank/rank11.xlsx

福島民報「ふくしまの伝統行事」

伊藤賀一監修『「47都道府県」地図帖の深読み事典』宝島社（2020年）

伊藤賀一『47都道府県の歴史と地理がわかる事典』幻冬舎新書（2019年）

博学こだわり倶楽部編『47都道府県　話のネタ大事典』河出書房新社（2020年）

秋田県企画振興部調査統計課　https://www.pref.akita.lg.jp/pages/genre/tokei

※山の高さは国土地理院の「日本の主な山岳一覧」（gsi.go.jp）から筆者作成

※川の長さは国土交通省の「一級河川水系別延長等」から筆者作成

02 関東地方

関東地方を覚えよう！

群馬県　県庁所在地：前橋市
人口：193万人（全国18位）
面積：6362km²（全国21位）
特産・名物：こんにゃく，キャベツ
有名な場所：草津温泉，富岡製糸場
有名なこと：高崎だるま市
その他：高崎のだるまはからっ風で乾か
　　　　したとか

埼玉県　県庁所在地：さいたま市
人口：734万人（全国5位）
面積：3797km²（全国39位）
特産・名物：十万石まんじゅう
有名な場所：鉄道博物館，長瀞
有名なこと：加須市民平和祭のジャンボこ
　　　　いのぼり
その他：蕨市は，面積が一番小さい市

東京都　都庁所在地：新宿区
人口：1404万人（全国1位）
面積：2194km²（全国45位）
特産・名物：もんじゃ焼き，江戸切子
有名な場所：皇居，東京タワーなど
有名なこと：神田祭，三社祭
その他：坂の街。名前のある坂道が23区に
　　　　700以上ある

地方の特徴

全体として

○日本一の面積、関東平野（四国と同程度の面積）が、東京圏の人口を支える基礎（世界首都圏人口ランキング１位）。
○実質の「日本の中心」であるため、「ヒト（人口）」「モノ（食料や製品）」「コト（サービス・情報）」が集まる。
○気候は山側では「からっ風」。これは北からの湿気が越後山脈でガードされ、湿気のなくなった風だけが抜けてくるから。

少し細かく見ると……

○印刷・出版業がさかん。これは情報の発信地だから。
○食料生産がさかん。人口が多ければ食べる量も増える。
○近郊農業（茨城県は耕地面積全国３位），魚獲量（銚子が有名）の多さも特徴。
○輸出入もさかん。
○県名と県庁所在地名が違う都県がほとんど。「さいたま市」はひらがなであるだけでなく「さ」の字の２画目と３画目がつながっているのが正式。

栃木県　県庁所在地：宇都宮市
人口：193万人（全国19位）
面積：6408km²（全国20位）
特産・名物：餃子，いちご，レモン牛乳
有名な場所：日光東照宮，中禅寺湖，那須
有名なこと：百物揃千人武者行列
その他：足尾銅山と田中正造が有名

茨城県　県庁所在地：水戸市
人口：286万人（全国11位）
面積：6097km²（全国24位）
特産・名物：納豆，白菜，メロン，ピーマンなど
有名な場所：牛久大仏，霞ケ浦，偕楽園
有名なこと：水戸の梅まつり
その他：耕地面積全国３位・漁獲量全国２位

千葉県　県庁所在地：千葉市
人口：628万人（全国６位）
面積：5157km²（全国28位）
特産・名物：落花生，しょうゆ，銚子の魚類など
有名な場所：ディズニーランド，成田国際空港
有名なこと：成田山節分会，證誠寺狸まつり
その他：成田国際空港は輸出入金額全国１位の空港

神奈川県　県庁所在地：横浜市
人口：923万人（全国２位）
面積：2416km²（全国43位）
特産・名物：シュウマイ，アユ
有名な場所：横浜中華街，鎌倉など
有名なこと：箱根駅伝（東京－神奈川）
その他：政令指定都市が３つある日本唯一の県

思わず話したくなる！

関東地方の面白ネタ

位置の覚え方

群馬県と栃木県の位置を混同しがち。

ですから，栃木→茨城→千葉の縦の３つ，群馬→埼玉→東京→神奈川の４つの組に分けて覚えよう。

１つ目が「とち　い　ちば（土地市場）　２つ目が「群馬　サイ　トウ　神奈川県」。

ここはリズムで覚えてしまおう。

都道府県別！面白ネタ

栃木 ─────────────────────────────────

いちごの収穫量１位は有名。でも50年以上続いていることは案外知られていない。

2023年県内でバナナの出荷開始。名前は「とちおとこ」。

足尾銅山の坑道の総延長は，1234㎞ある。

茨城 ─────────────────────────────────

面積国内２位の「霞ヶ浦」は，2012年に国際的ハッカー集団にサイバー攻撃を受けた。理由はおそらく「霞が関と間違えられた」から。

日本一の高さをほこる牛久大仏は，ふるさと納税返礼品でらほつ磨きができる。

千葉 ─────────────────────────────────

平均標高が日本最低。

群馬 ─────────────────────────────────

関東の水がめ。関西では滋賀県民の「琵琶湖の水止めたろか？」が有名。関東では群馬県の「利根川の水止めたろか？」は死活問題。

埼玉 ─────────────────────────────────

うどんの生産量全国２位。

硬筆書写がさかんで，８Ｂや10Ｂの鉛筆が買える。

東京 ─────────────────────────────────

日本唯一の熱帯気候の都道府県（沖ノ鳥島のこと）。

1943年までは「東京府」だった。

神奈川 ───────────────────────────────

金太郎（坂田金時）の出身地。金太郎は源頼光という武士によって都に取り立てられたあと，大江山に鬼退治に出かけることはあまり知られていない。

関東地方の練習をしよう！①

年　組　名前（　　　　　　　　）

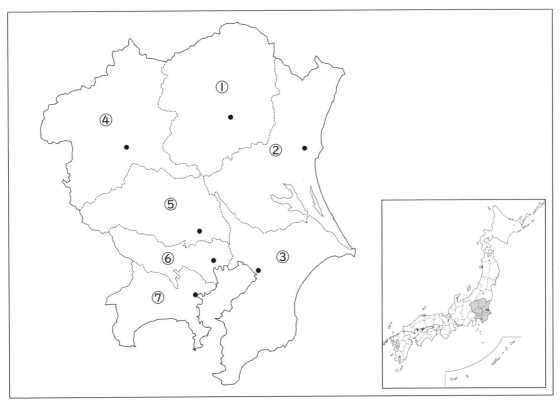

都道府県の漢字をなぞり, 右に練習しよう。空いている□は忘れそうな県(都)の漢字を書こう。

① 栃木	栃	② 茨城	茨
③ 千葉	千	④ 群馬	群
⑤ 埼玉	埼	⑥ 東京	東
⑦ 神奈川	神	(漢字練習)	(漢字練習)
(漢字練習)	(漢字練習)	(漢字練習)	(漢字練習)

02　関東地方

関東地方の練習をしよう！②

年　組　名前（　　　　　　　　　）

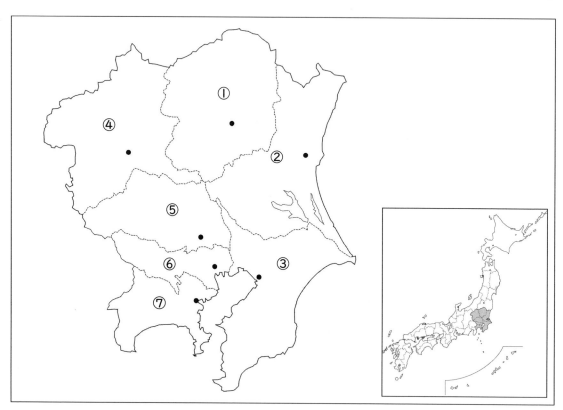

都道府県の名前を書こう。1つ10点（漢字で書ければ1つ20点）。

①	②	③	④
⑤	⑥	⑦	（漢字練習）
（漢字練習）	（漢字練習）	（漢字練習）	（漢字練習）
（漢字練習）	（漢字練習）	（漢字練習）	（漢字練習）
（漢字練習）	（漢字練習）	（漢字練習）	（漢字練習）

面白ランキングで
関東地方の都県の特徴と位置を覚えよう！①

年　　組　名前（　　　　　　　　）

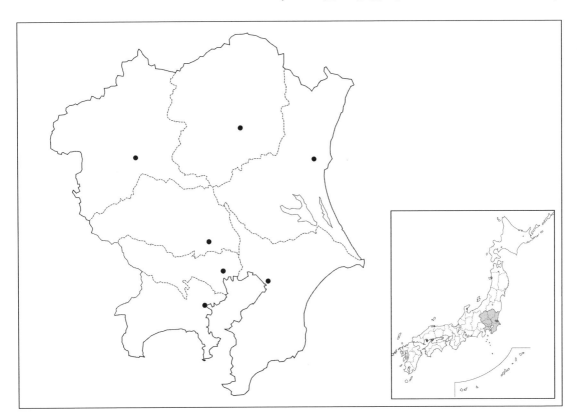

👑 1　関東地方人口ランキング（2020年）

黒で上の地図に１位は①，２位は②，３位は③と書こう。
１位：東京都（全国１位）　２位：神奈川県（全国２位）　３位：埼玉県（全国５位）

👑 2　関東地方印刷業（オフセット印刷業・紙に対するもの）出荷額ランキング
（2019年）

赤で上の地図に１位は①，２位は②，３位は③と書こう。
１位：東京都（全国１位）　２位：埼玉県（全国２位）　３位：神奈川県（全国８位）

（苦手な都道府県の漢字練習）	（苦手な都道府県の漢字練習）	（苦手な都道府県の漢字練習）

面白ランキングで 関東地方の都県の特徴と位置を覚えよう！②

年　　組　名前（　　　　　　　　）

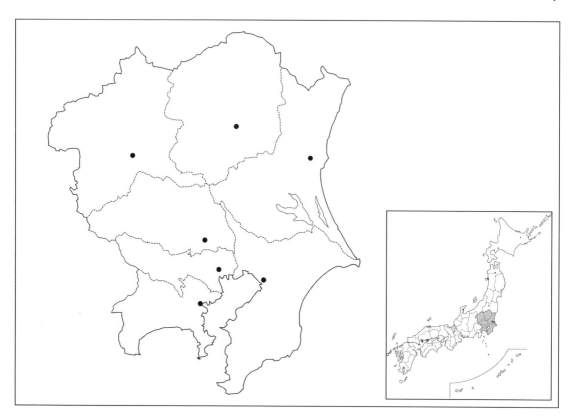

👑 1　関東地方面積ランキング

黒で上の地図に1位は①，2位は②，3位は③と書こう。

1位：栃木県（全国20位）　2位：群馬県（全国21位）　3位：茨城県（全国24位）

👑 2　関東地方キャベツ生産量ランキング（2022年）

赤で上の地図に1位は①，2位は②，3位は③と書こう。

1位：群馬県（全国1位）　2位：千葉県（全国3位）　3位：茨城県（全国4位）

（苦手な都道府県の漢字練習）	（苦手な都道府県の漢字練習）	（苦手な都道府県の漢字練習）

面白ランキングで
関東地方の都県の特徴と位置を覚えよう！③

年　　組　名前（　　　　　　　　　）

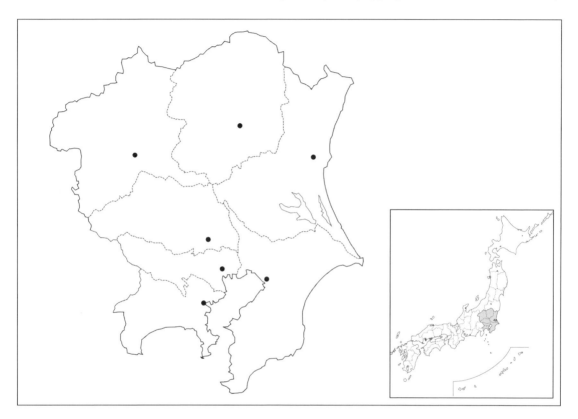

👑 1　関東地方の通勤・通学の時間が長いランキング（2021年）

黒で上の地図に１位は①，２位は②と書こう。
　１位：神奈川県（全国１位）　同率２位：千葉県・東京都（全国２位）

👑 2　関東地方のネギの生産量ランキング（2019年）

赤で上の地図に１位は①，２位は②，３位は③と書こう。
　１位：千葉県（全国１位）　２位：埼玉県（全国２位）　３位：茨城県（全国３位）

（苦手な都道府県の漢字練習）	（苦手な都道府県の漢字練習）	（苦手な都道府県の漢字練習）

面白ランキングで関東地方の都県の特徴と位置を覚えよう！④

年　　組　名前（　　　　　　　　　）

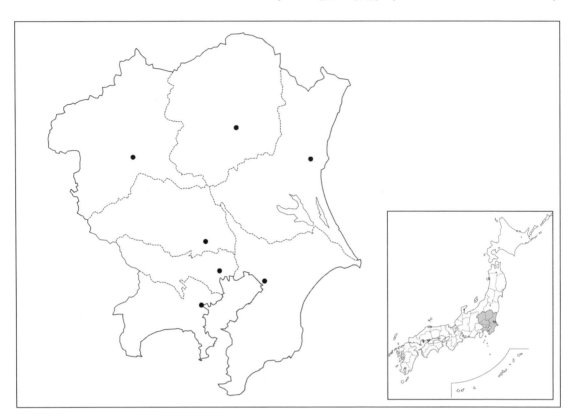

♛ 1　関東地方の港，貿易取引総額ランキング（2022年）

黒で上の地図に1位は①，2位は②，3位は③と書こう。

1位：成田国際空港（千葉県　全国1位）　2位：東京港（東京都　全国2位）

3位：横浜港（神奈川県　全国4位）

♛ 2　関東地方の読書好きランキング（2021年）

赤で上の地図に1位は①，2位は②，3位は③と書こう。

1位：東京都（全国1位）　2位：神奈川県（全国2位）　3位：埼玉県（全国3位）

（苦手な都道府県の漢字練習）	（苦手な都道府県の漢字練習）	（苦手な都道府県の漢字練習）

面白ランキングで
関東地方の都県の特徴と位置を覚えよう！⑤

年　　組　　名前（　　　　　　　　　）

※河川については、地図では本流を記載し、ランキングでは支流を含めた都道府県を記載している

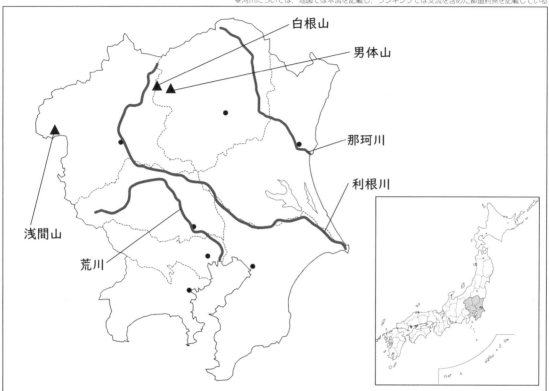

👑 1　関東地方の川の長さランキング

黒で上の地図に1位は①，2位は②，3位は③と書こう。
1位：利根川（群馬・栃木・埼玉・東京・茨城・千葉・長野　322km　全国2位）
2位：荒川（埼玉・東京　173km　全国18位）
3位：那珂川（茨城・栃木　150km　全国20位）

👑 2　関東地方の山の高さランキング

赤で上の地図に1位は①，2位は②，3位は③と書こう。
1位：白根山（栃木・群馬　2578m　全国143位）
2位：浅間山（群馬・長野　2568m　全国145位）
3位：男体山（栃木　2486m　全国161位）

関東地方の都県の位置を覚えよう！①
　　　　　名前（　　　　　　　　　）

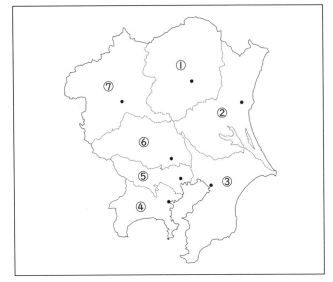

①
②
③
④
⑤
⑥
⑦

関東地方の都県の位置を覚えよう！②
　　　　　名前（　　　　　　　　　）

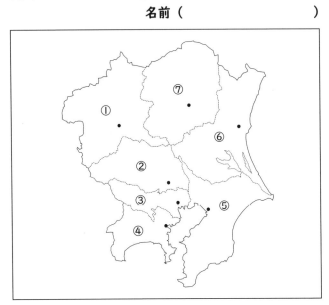

①
②
③
④
⑤
⑥
⑦

関東地方の都県の位置を覚えよう！③
名前（　　　　　　　　　）

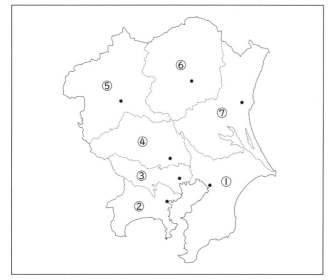

①
②
③
④
⑤
⑥
⑦

関東地方の都県の位置を覚えよう！④
名前（　　　　　　　　　）

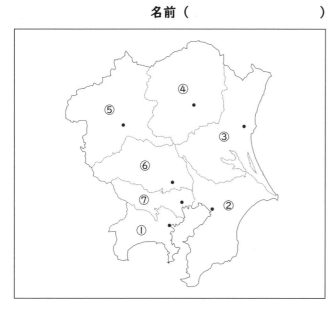

①
②
③
④
⑤
⑥
⑦

関東地方の山・川・平野を覚えよう！①

年　　組　名前（　　　　　　　）

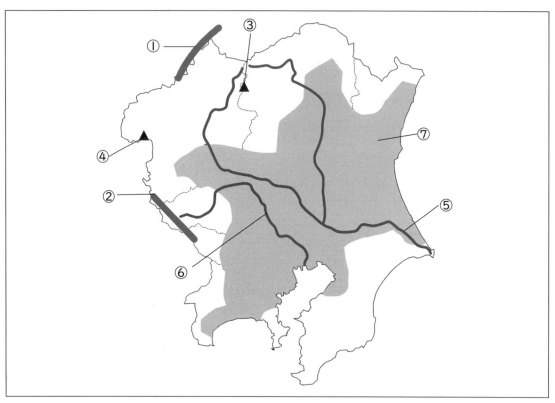

関東地方の主な山（山地・山脈）・川・平野の名前をなぞり，右に練習しよう。

①越後山脈	越	②関東山地	関
③白根山	白	④浅間山	浅
⑤利根川	利	⑥荒川	荒
⑦関東平野	関	（漢字練習）	（漢字練習）

関東地方の山・川・平野を覚えよう！②

年　組　名前（　　　　　　　　）

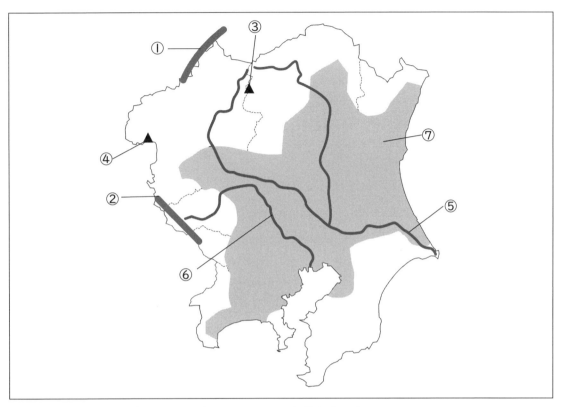

関東地方の主な山（山地・山脈）・川・平野の名前を書こう。

①	②	③	④
			（漢字練習）
⑤	⑥	⑦	
（漢字練習）	（漢字練習）	（漢字練習）	（漢字練習）

関東地方の都県庁所在地を覚えよう！①

年　　組　名前（　　　　　　　　　　）

関東地方の都県庁所在地の名前をなぞり，右に練習しよう。

①宇都宮	宇	②水戸	水
③千葉	千	④前橋	前
⑤さいたま	さ	⑥新宿	新
⑦横浜	横	（漢字練習）	（漢字練習）

関東地方の都県庁所在地を覚えよう！②

年　　組　名前（　　　　　　　　　　）

関東地方の都県庁所在地の名前を書こう。

①	②	③	④
			（漢字練習）
⑤	⑥	⑦	
（漢字練習）	（漢字練習）	（漢字練習）	（漢字練習）
（漢字練習）	（漢字練習）	（漢字練習）	（漢字練習）

02　関東地方　41

関東地方の都県の位置を覚えるための面白ランキング

ランキングをみて，白地図で場所を何度も確認しよう！

👑 関東地方ブルーベリーの生産量ランキング（2021年）
1位…東京都（全国1位）／2位…群馬県（全国3位）／3位…茨城県（全国4位）

※東京都はかつて唐辛子の生産1位だったことも。
　八丈島は，本州のはるか南のイメージだが，緯度は大分市くらい。

👑 関東地方高校生の通学時間ランキング（2021年）
1位…神奈川県（全国1位　1.4時間）／2位…千葉県・東京都（全国2位　1.35時間）

※神奈川県は他にはアユの漁獲量が日本一。

👑 関東地方しょうゆの出荷数量合計ランキング（2022年）
1位…千葉（全国1位）／2位…群馬県（全国3位）／3位…茨城県（全国22位）

※全国2位は兵庫県。ヒガシマルが有名。
　ちなみに千葉県は県内で最も高い山が408mの愛宕山で，これは全国で最も低い。

👑 関東地方ショッピングセンター大きさランキング（店舗面積　2020末時点）
1位…埼玉県（イオンレイクタウン　全国1位）／
2位…千葉県（イオンモール幕張新都心　全国2位）／
3位…千葉県（三井ショッピングパーク　ららぽーと　TOKYO-BAY　全国7位）

※1位のイオンレイクタウンの面積は340000㎡で，東京ドーム約3.5個，甲子園約4.1個。

👑 関東地方卵（鶏卵）の生産量ランキング（2022年）
1位…茨城県（全国1位）／2位…千葉県（全国5位）／3位…群馬県（全国6位）

※茨城県は農業大国。でも漁業もすごい。イワシも日本一（2017～2021年）。

👑 関東地方養蚕家数・繭生産量ランキング（2022年）
1位…群馬県（全国1位）／2位…栃木県（全国2位）／3位…埼玉県（全国5位）

※世界遺産「富岡製糸場」は群馬県。昔から養蚕業がさかんで，「かかあ天下」の語源とも。

👑 関東地方うどの生産量ランキング（2020年）

1位…栃木県（全国1位）／ **2位**…群馬県（全国2位）／ **3位**…東京都（全国4位）

※「うど」は漢字で「独活」と書く。「うどの大木」という言葉で有名。
　ちなみに中禅寺湖は「日本一高いところにある湖」。

参考文献・資料 📖🔍 関東地方 （2024年3月5日最終閲覧）

農林水産省「令和4年鶏卵流通統計調査結果」

総務省統計局「令和2年国勢調査」

農林水産省「令和4年産地域特産野菜生産状況調査結果」

総務省統計局「統計でみる都道府県のすがた2024」

総務省統計局家計調査「2021年～2023年平均の品目別都道府県庁所在市及び政令指定都市ランキング」

農林水産省「令和3年産特産果樹生産動態等調査　種類別栽培状況（都道府県）」

しょうゆ情報センター　https://www.soysauce.or.jp/

経済産業省大臣官房調査統計グループ構造統計室「2020年工業統計表　地域別統計表」

国土交通省北陸地方整備局阿賀野川河川事務所「各河川との比較」（mlit.go.jp）

一般社団法人日本ショッピングセンター協会『SC白書2023』

伊藤賀一監修『「47都道府県」地図帖の深読み事典』宝島社（2020年）

伊藤賀一『47都道府県の歴史と地理がわかる事典』幻冬舎新書（2019年）

博学こだわり倶楽部編『47都道府県　話のネタ大事典』河出書房新社（2020年）

※山の高さは国土地理院の「日本の主な山岳一覧」（gsi.go.jp）から筆者作成

※川の長さは国土交通省の「一級河川水系別延長等」から筆者作成

03 中部地方

中部地方を覚えよう！

富山県 県庁所在地：富山市
人口：103万人（全国37位）
面積：4247km²（全国33位）
特産・名物：チューリップ，薬，ブリ
有名な場所：黒部ダム，五箇山合掌造り
有名なこと：おわら風の盆
その他：蜃気楼がみえることもある

石川県 県庁所在地：金沢市
人口：113万人（全国33位）
面積：4186km²（全国35位）
特産・名物：九谷焼，輪島塗，金ぱく
有名な場所：白米千枚田，兼六園
有名なこと：金沢百万石まつり
その他：白山は，日本三名山の一つ

福井県 県庁所在地：福井市
人口：76万人（全国43位）
面積：4190km²（全国34位）
特産・名物：めがね，焼き鯖寿司
有名な場所：東尋坊，恐竜博物館
有名なこと：福井フェニックスまつり
その他：2024年3月に新幹線が敦賀まで延伸

岐阜県 県庁所在地：岐阜市
人口：197万人（全国17位）
面積：10621km²（全国7位）
特産・名物：刃物，陶磁器，富有柿
有名な場所：岐阜城，下呂温泉，関ケ原
有名なこと：高山祭，郡上おどり
その他：「岐阜」の命名は織田信長

愛知県 県庁所在地：名古屋市
人口：754万人（全国4位）
面積：5173km²（全国27位）
特産・名物：自動車，キャベツ，花き，金魚
有名な場所：熱田神宮，名古屋城など
有名なこと：にっぽんど真ん中祭り
その他：2005年に日本国際博覧会が開かれた

地方の特徴

全体として

○「位置の覚え方」に書いたように3つの地域で気候も，産業の特徴も違う。

○日本列島を2つに分ける「フォッサマグナ」が通る（日本の折れ目とも！）。

　→高い山脈の形成に関係！

少し細かく見ると……

○日本海側は伝統産業がさかん

　→冬季の雪に関連があるとも。

○内陸県の3つは，実はそれぞれの特徴が違う。岐阜は製造業の多い「モノづくり県」，長野は高地や森林を利用した「人々の知恵県」。山梨は水はけのよい土，そして日照時間を生かした「果樹の県」。

○太平洋側は車（愛知），バイク（静岡）など，日本の戦後復興のシンボル。

○同じく，太平洋側はお茶の生産，花き栽培など，「日差しが明るい」イメージの農業もさかん。

新潟県　　県庁所在地：新潟市
人口：220万人（全国15位）
面積：12583km²（全国5位）
特産・名物：米，刃物，石油
有名な場所：佐渡金山，信濃川
有名なこと：長岡まつり大花火大会
その他：石油が日本一とれる

長野県　　県庁所在地：長野市
人口：204万人（全国16位）
面積：13561km²（全国4位）
特産・名物：レタス，ワサビ，キノコ類，木材，みそ
有名な場所：松本城，善光寺，野尻湖
有名なこと：諏訪大社御柱祭
その他：1998年にオリンピックが開催された県

山梨県　　県庁所在地：甲府市
人口：81万人（全国42位）
面積：4465km²（全国32位）
特産・名物：ぶどう，もも，ほうとう，信玄餅
有名な場所：富士山，富士五湖
有名なこと：信玄公祭り
その他：北岳（標高2位）も山梨県にある

静岡県　　県庁所在地：静岡市
人口：363万人（全国10位）
面積：7777km²（全国13位）
特産・名物：茶，楽器，オートバイ，マグロ
有名な場所：富士山，浜名湖
有名なこと：河津桜まつり，浜松まつり
その他：東海地震に備えた防災対策がさかん

思わず話したくなる！

中部地方の面白ネタ

位置の覚え方

日本海側４県，内陸３県，太平洋側２県に分けて覚える。

日本海側４県　福井→石川→富山→新潟　（ふく　い　と　新潟）

内陸３県　岐阜→長野→山梨　（ぎふ　な　やま）　愛知→静岡（あ　し）

都道府県別！面白ネタ

福井

実はコシヒカリ誕生の地。ふるさと納税発案の地（福井県知事の西川一誠氏）。

石川

毎年「アイスクリームの日」に金沢でアイスが無料で配られる（５月９日）。

実は UFO の目撃記録が江戸時代からある街羽咋市がある。NASA が特別協力した博物館「コスモアイル羽咋」もある。

富山

ドラえもんの作者の出身地。

氷見のブリ，黒部ダム，チューリップに薬売り。ゆっくり滞在したい県。

新潟

日本で初めてイタリア人が開いたお店が1881年にオープン。名前は「イタリア軒」。

平成の時代には大きな話題となった「佐渡のトキ」。実は現在は540羽を超えている。

岐阜

下呂温泉は「三名泉」の１つ。

長野

林業生産額が全国１位だが，実は木材よりもキノコの生産が多い。

「海からもっとも遠い場所」は佐久市にある。到達した人は認定証がもらえる（要連絡）。

山梨

日本の標高１位から３位がそびえる「山あり県」。

南アルプス市は，日本で唯一外国語を使った名前の市。

愛知

ごんぎつねのモデルの地。街にはごんがたくさんいる。

静岡

浜名湖は，「だいだらぼっち」が手をつき，涙が溜まってできたと伝えられている。

中部地方の練習をしよう！①

年　　組　名前（　　　　　　　　　）

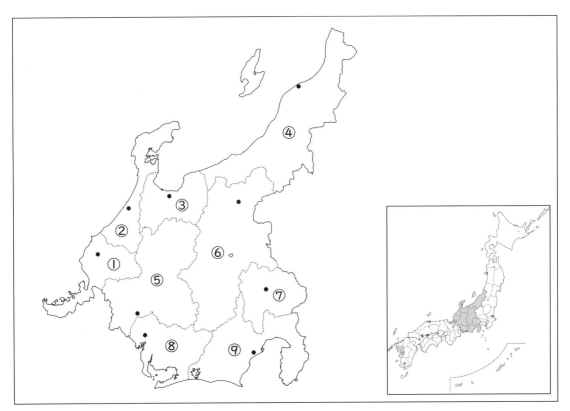

都道府県の漢字をなぞり，右に練習しよう。空いている□は忘れそうな県の漢字を書こう。

① 福井	福	② 石川	石
③ 富山	富	④ 新潟	新
⑤ 岐阜	岐	⑥ 長野	長
⑦ 山梨	山	⑧ 愛知	愛
⑨ 静岡	静	（漢字練習）	（漢字練習）

中部地方の練習をしよう！②

年　　組　名前（　　　　　　　　）

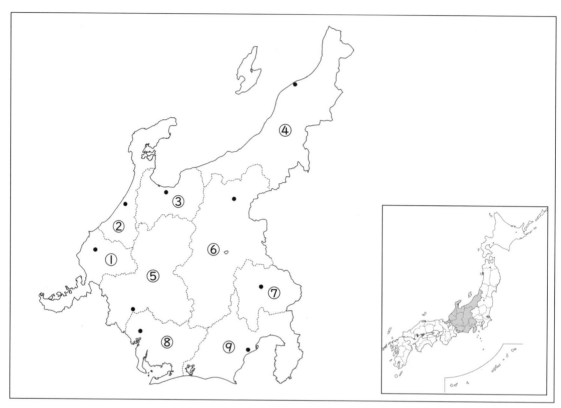

都道府県の名前を書こう。１つ10点（漢字で書ければ１つ20点）。

①	②	③	④
⑤	⑥	⑦	⑧
⑨	（漢字練習）	（漢字練習）	（漢字練習）
（漢字練習）	（漢字練習）	（漢字練習）	（漢字練習）
（漢字練習）	（漢字練習）	（漢字練習）	（漢字練習）

面白ランキングで
中部地方の県の特徴と位置を覚えよう！①

年　　組　名前（　　　　　　　　　）

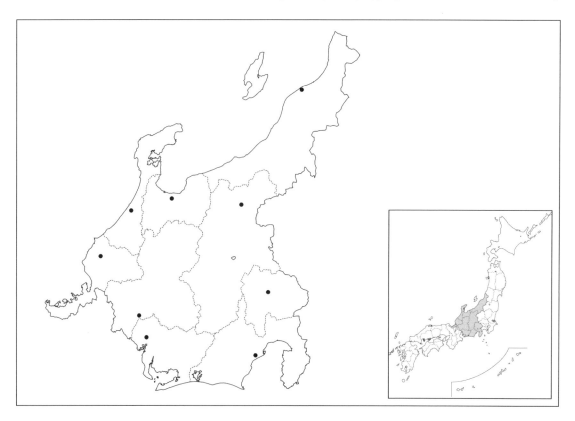

👑1　中部地方人口ランキング (2023年)

黒で上の地図に1位は①，2位は②，3位は③と書こう。

1位：愛知県（全国4位）　2位：静岡県（全国10位）　3位：新潟県（全国15位）

👑2　中部地方年間降水日数ランキング (2022年)

赤で上の地図に1位は①，2位は②，3位は③と書こう。

1位：新潟県（全国1位）　2位：富山県（全国2位）　3位：福井県（全国3位）

（苦手な都道府県の漢字練習）	（苦手な都道府県の漢字練習）	（苦手な都道府県の漢字練習）

03　中部地方　49

面白ランキングで 中部地方の県の特徴と位置を覚えよう！②

年　　組　名前（　　　　　　　　）

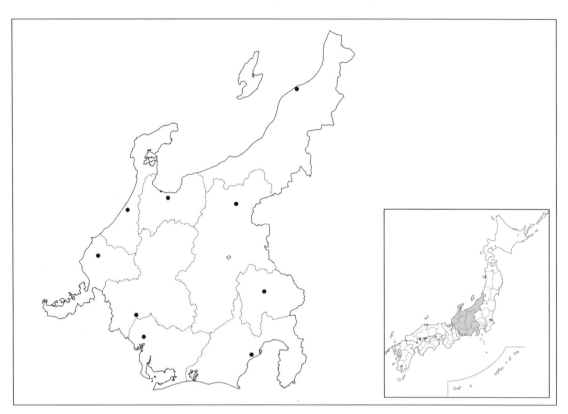

👑 1　中部地方面積ランキング

黒で上の地図に1位は①，2位は②，3位は③と書こう。

1位：長野県（全国4位）　2位：新潟県（全国5位）　3位：岐阜県（全国7位）

👑 2　中部地方喫茶店に使う金額都市ランキング（2021〜2023年平均）

赤で上の地図に1位は①，2位は②，3位は③と書こう。

1位：岐阜市（岐阜県　全国1位）　2位：名古屋市（愛知県　全国2位）

3位：金沢市（全国10位）

（苦手な都道府県の漢字練習）	（苦手な都道府県の漢字練習）	（苦手な都道府県の漢字練習）

面白ランキングで
中部地方の県の特徴と位置を覚えよう！③

年　　組　名前（　　　　　　　　　）

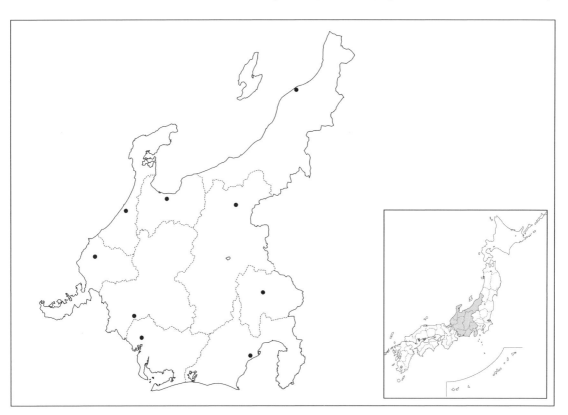

♛ 1　中部地方平均標高ランキング

黒で上の地図に1位は①，2位は②，3位は③と書こう。
1位：長野県（全国1位）　2位：山梨県（全国2位）　3位：岐阜県（全国4位）

♛ 2　中部地方米をもっとも食べる都市ランキング （2021〜2023年）

赤で上の地図に1位は①，2位は②，3位は③と書こう。
1位：福井市（福井県　全国1位）　2位：新潟市（新潟県　全国2位）
3位：静岡市（静岡県　全国3位）

（苦手な都道府県の漢字練習）	（苦手な都道府県の漢字練習）	（苦手な都道府県の漢字練習）

面白ランキングで中部地方の県の特徴と位置を覚えよう！④

年　　組　名前（　　　　　　　　　）

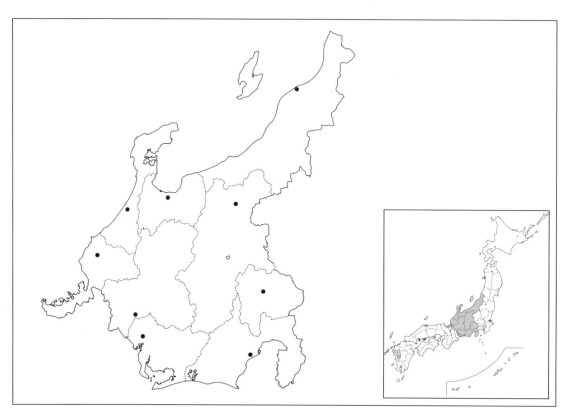

1 中部地方の1880年の人口ランキング

黒で上の地図に1位は①，2位は②と書こう。
1位：石川県エリア（現在の石川県，富山県，福井県の一部　全国1位）
2位：新潟県（全国2位）　★石川，富山，福井に①と書こう。

2 中部地方の工業が盛んな県ランキング（製造品出荷額2020年）

赤で上の地図に1位は①，2位は②と書こう。
1位：愛知県（全国1位）　2位：静岡県（全国3位）

（苦手な都道府県の漢字練習）	（苦手な都道府県の漢字練習）	（苦手な都道府県の漢字練習）

面白ランキングで 中部地方の県の特徴と位置を覚えよう！⑤

年　　組　名前（　　　　　　　　　）

※河川については、地図では本流を記載し、ランキングでは支流を含めた都道府県を記載している

1　中部地方の川の長さランキング

黒で上の地図に1位は①，2位は②，3位は③と書こう。

1位：信濃川（新潟・群馬・長野　367km　全国1位）
2位：木曽川（愛知・長野・岐阜・滋賀・三重　229km　全国8位）
3位：天竜川（静岡・愛知・長野　213km　全国9位）

2　中部地方の山の高さランキング

赤で上の地図に1位は①，2位は②，3位は③と書こう。

1位：富士山（静岡・山梨　3776m　全国1位）
2位：北岳（山梨・長野　3193m　全国2位）
3位：奥穂高岳（長野・岐阜　3190m　全国3位）

中部地方の県の位置を覚えよう！①
名前（　　　　　　　　　　）

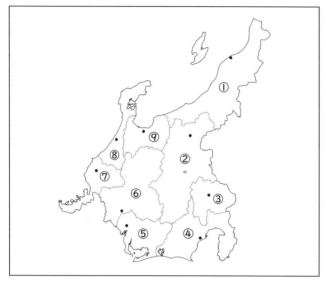

①
②
③
④
⑤
⑥
⑦
⑧
⑨

中部地方の県の位置を覚えよう！②
名前（　　　　　　　　　　）

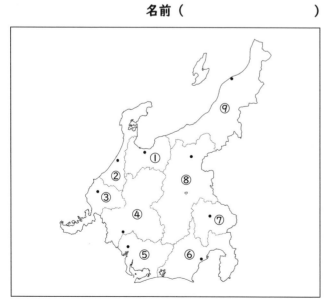

①
②
③
④
⑤
⑥
⑦
⑧
⑨

中部地方の県の位置を覚えよう！③
名前（　　　　　　　　）

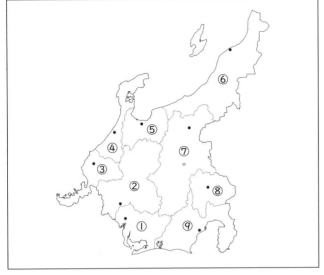

①
②
③
④
⑤
⑥
⑦
⑧
⑨

中部地方の県の位置を覚えよう！④
名前（　　　　　　　　）

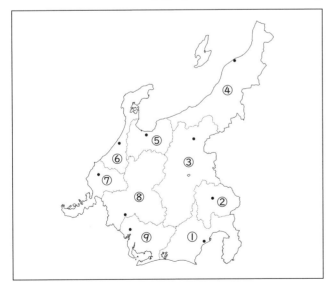

①
②
③
④
⑤
⑥
⑦
⑧
⑨

中部地方の山・川・平野を覚えよう！①

年　　組　名前（　　　　　　　　）

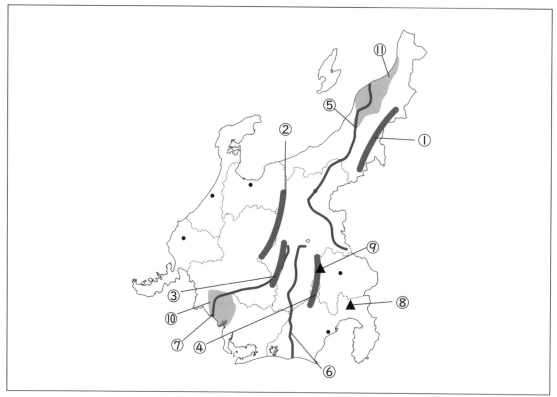

中部地方の主な山（山地・山脈）・川・平野の名前をなぞり，右に練習しよう。

①越後山脈	越	②飛騨山脈	飛
③木曽山脈	木	④赤石山脈	赤
⑤信濃川	信	⑥天竜川	天
⑦木曽川	木	⑧富士山	富
⑨北岳	北	⑩濃尾平野	濃
⑪越後平野	越	（漢字練習）	（漢字練習）

中部地方の山・川・平野を覚えよう！②

年　組　名前（　　　　　　　　）

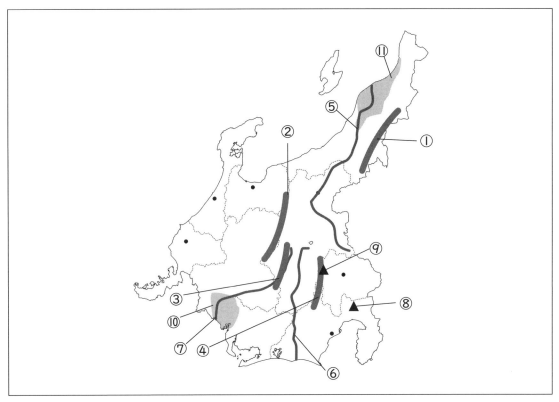

中部地方の主な山（山地・山脈）・川・平野の名前を書こう。

①	②	③	④
⑤	⑥	⑦	⑧
⑨	⑩	⑪	（漢字練習）

中部地方の県庁所在地を覚えよう！①

年　組　名前（　　　　　　　）

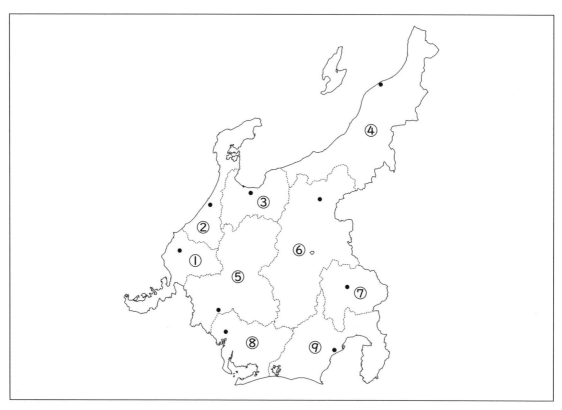

中部地方の県庁所在地の名前をなぞり，右に練習しよう。

①	福井	福	②	金沢	金
③	富山	富	④	新潟	新
⑤	岐阜	岐	⑥	長野	長
⑦	甲府	甲	⑧	名古屋	名
⑨	静岡	静	(漢字練習)		(漢字練習)

中部地方の県庁所在地を覚えよう！②

年　　組　名前（　　　　　　　　　　）

中部地方の県庁所在地の名前を書こう。

①	②	③	④
⑤	⑥	⑦	⑧
⑨	（漢字練習）	（漢字練習）	（漢字練習）
（漢字練習）	（漢字練習）	（漢字練習）	（漢字練習）

03　中部地方　59

中部地方の県の位置を覚えるための面白ランキング

ランキングをみて，白地図で場所を何度も確認しよう！

♛ **中部地方1年間の電気代都市ランキング（2021〜2023年）**
1位…福井市（福井県　全国1位）／ 2位…富山市（富山県　全国2位）／
3位…金沢市（石川県　全国4位）
※ちなみに，近畿の多くの発電所がこの北陸にある。メガネ職人は大阪から来たのが初めとか。

♛ **中部地方外食のうち，和食に使う金額が多い都市ランキング（2021〜2023年）**
1位…岐阜市（岐阜県　全国1位）／ 2位…名古屋市（愛知県　全国2位）／
3位…金沢市（石川県　全国5位）
※喫茶とともに外食の文化が中部地方にはあります。モーニングが有名。

♛ **中部地方のお寿司に最もお金を使う都市ランキング（2021〜2023年）**
1位…金沢市（石川県　全国1位）／ 2位…静岡市（静岡県　全国2位）／
3位…岐阜市（岐阜県　全国3位）
※金沢市の寿司文化は全国的に有名。

♛ **中部地方図書館の数が多いランキング（人口100万人当たり　2021年）**
1位…山梨県（全国1位）／ 2位…長野県（全国3位）／ 3位…富山県（全国6位）
※全国2位は島根県，4位は高知県。山梨県は果樹だけではなく本もたくさん読む！！

♛ **中部地方1年間に買うマグロの金額都市ランキング（2021〜2023年）**
1位…静岡市（全国1位）／ 2位…甲府市（山梨県　全国2位）／
3位…浜松市（静岡県　全国11位）
※マグロ漁だけでなく，食べることもさかんな静岡県。おすすめおみやげは「こっこ」。
※静岡県は漁獲量が多い（焼津など）。桜エビがおいしい。

♛ **中部地方花束大好き!?（切り花の出荷量）ランキング**
1位…愛知県（全国1位）／ 2位…静岡県（全国3位）／ 3位…長野県（全国5位）
※愛知は工業だけではなく花き栽培はもちろん，キャベツには本当に助けてもらっている。

👑 中部地方移住したいランキング

`1位`…長野県（全国1位）／ `2位`…静岡県（全国4位）／ `3位`…山梨県（全国5位）

※長野県は接する県が8つあるということも日本一。

👑 中部地方第二次産業従事者割合ランキング

`1位`…富山県（全国1位）／ `2位`…静岡県（全国2位）／ `3位`…岐阜県（全国3位）

※中部地方は製造業がさかん。数では愛知県にかなわないにしろ，割合にすると特徴がわかり
やすい。

👑 中部地方1年間でジャガイモにお金を使う都市ランキング（2021～2023年）

`1位`…新潟市（新潟県　全国1位）／ `2位`…静岡市（静岡県　全国2位）／
`3位`…浜松市（静岡県　全国5位）

※全国4位は堺市，全国5位は横浜市。

参考文献・資料 📖🔍 中部地方 （2024年3月15日最終閲覧）

農林水産省「令和4年鶏卵流通統計調査結果」

総務省統計局「令和2年国勢調査」

総務省統計局「統計でみる都道府県のすがた2024」

総務省統計局家計調査「2021年～2023年平均品目別都道府県庁所在地及び政令指定都市ランキング」

農林水産省「地域特産野菜生産状況調査」2020

国土交通省「一級河川の河川延長等調＊水系別・指定年度別・地整整備局等別延長等調」

伊藤賀一監修『「47都道府県」地図帖の深読み事典』宝島社（2020年）

伊藤賀一『47都道府県の歴史と地理がわかる事典』幻冬舎新書（2019年）

博学こだわり倶楽部編「47都道府県　話のネタ大事典」河出書房新社（2020年）

佐久市HP（city.saku.nagano.jp）

環境省関東地方環境事務所「野生下のトキの2023年の繁殖結果について（速報値）」（env.go.jp）

国土交通省北陸地方整備局阿賀野川河川事務所「各河川との比較」（mlit.go.jp）

愛知県HP（pref.aichi.jp）「2020年工業統計調査結果（確報）（2020年6月1日現在）（愛知県集計分）」

田舎暮らしの本の公式WEBサイト（宝島社）（inakagurashiweb.com）

石川県観光サイト（羽咋市）

国土地理院技術資料（平均標高）　https://cyberjapandata.gsi.go.jp/3d/average/legend.jpg

※山の高さは国土地理院の「日本の主な山岳一覧」（gsi.go.jp）から筆者作成

※川の長さは国土交通省の「一級河川水系別延長等」から筆者作成

04 近畿地方

近畿地方を覚えよう！

京都府 府庁所在地：京都市
人口：257万人（全国13位）
面積：4612㎢（全国31位）
特産・名物：宇治茶, 京野菜, 八ツ橋など
有名な場所：天橋立, 文化財の数々
有名なこと：祇園祭, 葵祭, 時代祭など
その他：東京から文化庁が移転。
是非，六波羅蜜寺の空也上人に会いに行ってほしい!!

兵庫県 県庁所在地：神戸市
人口：546万人（全国7位）
面積：8401㎢（全国12位）
特産・名物：清酒, 但馬牛, 黒豆, 素麺
有名な場所：姫路城, 六甲山, 甲子園
有名なこと：西宮神社開門神事
その他：神戸でドイツ菓子, ロシア菓子がおいしいのはロシア革命と第一次世界大戦の影響だとか。ユーハイム, モロゾフ, ゴンチャロフ…

大阪府 府庁所在地：大阪市
人口：883万人（全国3位）
面積：1987㎢（全国46位）
特産・名物：たこ焼, タオル, 歯ブラシ
有名な場所：大阪城, 百舌鳥古市古墳群
有名なこと：天神祭, 岸和田だんじり祭
その他：1987年までは面積が全国最下位。
コリアタウンのキムチは絶品!!

和歌山県 県庁所在地：和歌山市
人口：92万人（全国40位）
面積：4724㎢（全国30位）
特産・名物：みかん, 梅
有名な場所：和歌山城, 高野山金剛峯寺
有名なこと：那智の扇祭り
その他：「稲むらの火」の舞台としても有名。
白浜にはパンダがたくさんいる

地方の特徴

全体として

○文化面では，とにかく歴史が特徴の地域。大阪に住んでいれば小学校の歴史教科書レベルなら，写真で紹介されている場所の半分以上は日帰りの距離でアクセス可能。近畿では，全府県に世界遺産があることが特徴を裏付けている。

○気候面では日本海側，瀬戸内，太平洋側，内陸と細かに分かれる。

少し細かく見ると……

○日本海側は雪が多く降る。また，カニなどの海産物にも特徴がある。

○大阪周辺の瀬戸内では，気候はおだやか。しかし，8月の気温は日本一高いのが大阪府。

○太平洋側は，気候が温暖。和歌山県では果樹栽培がさかん。また，捕鯨も伝統的に行われてきた→太地町クジラミュージアムでクジラショーが見られる。

○愛知県寄りの三重県では工業がさかん。四日市が有名であるが，鈴鹿などは自動車生産が有名。社会見学のコースとして定番でもある。

滋賀県　県庁所在地：大津市
人口：141万人（全国26位）
面積：4017㎢（全国38位）
特産・名物：近江牛，ふなずし，サラダパン
有名な場所：琵琶湖，彦根城，安土城跡
有名なこと：左義長まつり，鳥人間コンテスト
その他：積雪量ギネス記録は滋賀県伊吹山。その量は1182cm

三重県　県庁所在地：津市
人口：177万人（全国22位）
面積：5774㎢（全国25位）
特産・名物：伊勢茶，赤福，真珠
有名な場所：伊勢神宮，夫婦岩
有名なこと：式年遷宮
その他：鳥羽水族館ではラッコが見られる。日本にラッコは残り3頭。急ごう！

奈良県　県庁所在地：奈良市
人口：132万人（全国29位）
面積：3690㎢（全国40位）
特産・名物：柿の葉寿司，靴下
有名な場所：東大寺を始めとした歴史遺産
有名なこと：若草山焼き，東大寺二月堂修二会
その他：奈良市は「地面をほれば何か出てくる」というくらい遺跡・遺物が多い

思わず話したくなる！

近畿地方の面白ネタ

位置の覚え方

和歌山県は覚えやすいので他の府県を覚える。

兵庫県→京都府→滋賀県→三重県→奈良県→大阪府

（ひ　きょう！　し　み　なら　大阪府!!）

都道府県別！面白ネタ

兵庫

　本州を地上で往復すると，唯一行きも帰りも通らなければならない県。瀬戸内側の「いかなごのくぎ煮」は春の風物詩ですが，最近はいかなごが獲れる量が減っていて貴重に。

京都

　和のイメージだが，実は最もコーヒー・ココアにお金を使う街の１つ（2021～2023年は全国１位）。

滋賀

　実は海がない。そして，琵琶湖は一年に１度深呼吸（全層循環）する。これでびわこの水がまざり合う。

三重

　松阪の読み方は「まつさか」が正解。江戸時代には「伊勢屋稲荷に犬の糞」と，江戸に多いものを表す言葉があった。「伊勢屋」は三重県から出てきた商人のことをさした。

奈良

　「日本最長の路線バス」がある（169.9km）。ほとんどの人がイメージする「奈良」は奈良県の北の端のみ。「ずいぶん南に来たな～」と感じてもまだ北部。「もう南の端かな？」と思ったらそれはまだまだ奈良県中部（筆者の感覚であるが）。

大阪

　大阪の人がたこ焼を大好きなことは，「タコにかける金額全国１位」なことからも証明されている（2021～2023年）。意外にも「近畿地方で世界遺産が登録された最後の府県」であった（2019年）。

和歌山

　神武天皇を案内したと言われる八咫烏（サッカー日本代表のマークでお馴染み！）を祀る「熊野那智大社」を含めた「熊野三山」は一生に一度は訪れてほしいところ。那智の大滝も必見！

近畿地方の練習をしよう！①

年　　組　名前（　　　　　　　　）

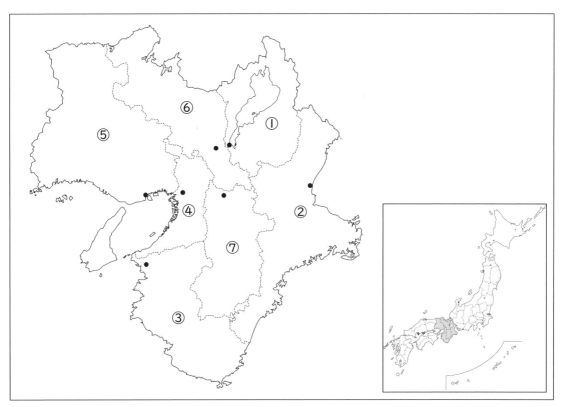

都道府県の漢字をなぞり，右に練習しよう。空いている□は忘れそうな県（府）の漢字を書こう。

① 滋賀	滋	② 三重	三
③ 和歌山	和	④ 大阪	大
⑤ 兵庫	兵	⑥ 京都	京
⑦ 奈良	奈	（漢字練習）	（漢字練習）
（漢字練習）	（漢字練習）	（漢字練習）	（漢字練習）

04　近畿地方

近畿地方の練習をしよう！②

年　　組　名前（　　　　　　　）

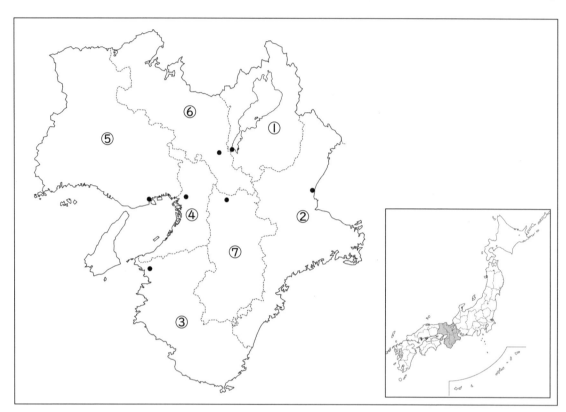

都道府県の名前を書こう。1つ10点（漢字で書ければ1つ20点）。

①	②	③	④
			（漢字練習）
⑤	⑥	⑦	
（漢字練習）	（漢字練習）	（漢字練習）	（漢字練習）

面白ランキングで
近畿地方の府県の特徴と位置を覚えよう！①

年　　組　名前（　　　　　　　　）

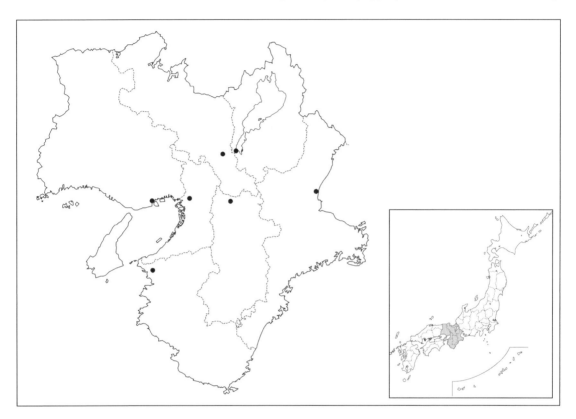

👑 1　近畿地方人口ランキング (2023年)

黒で上の地図に1位は①，2位は②，3位は③と書こう。

1位：大阪府（全国3位）　2位：兵庫県（全国7位）　3位：京都府（全国13位）

👑 2　近畿地方日本で世界文化遺産に登録された順ランキング

赤で上の地図に1位は①（2つある），3位は③と書こう。

1位：法隆寺地域の仏教建築物（奈良県　1993年　全国1番目）

1位：姫路城（兵庫県　1993年　全国1番目）

3位：古都京都の文化財（京都府・滋賀県　1994年　全国3番目）

（苦手な都道府県の漢字練習）	（苦手な都道府県の漢字練習）	（苦手な都道府県の漢字練習）

04　近畿地方　67

面白ランキングで近畿地方の府県の特徴と位置を覚えよう！②

年　　組　名前（　　　　　　　　　）

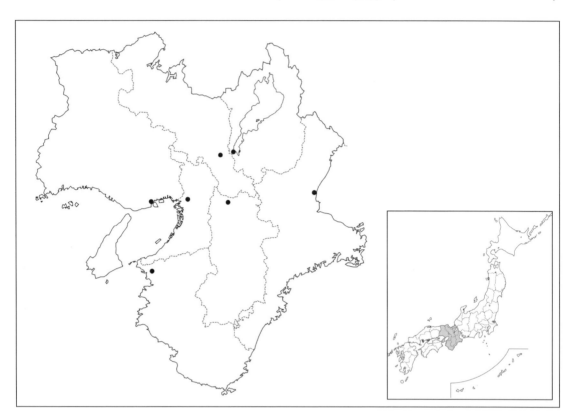

👑 1　近畿地方面積ランキング

黒で上の地図に1位は①，2位は②，3位は③と書こう。

1位：兵庫県（全国12位）　2位：三重県（全国25位）　3位：和歌山県（全国30位）

👑 2　近畿地方パンを食べる量都市ランキング（2021～2023年平均）

赤で上の地図に1位は①，2位は②，3位は③と書こう。

1位：大津市（滋賀県　全国1位）　2位：堺市（大阪府　全国2位）
3位：京都市（京都府　全国3位）

（苦手な都道府県の漢字練習）	（苦手な都道府県の漢字練習）	（苦手な都道府県の漢字練習）

面白ランキングで
近畿地方の府県の特徴と位置を覚えよう！③

年　　組　名前（　　　　　　　　　　）

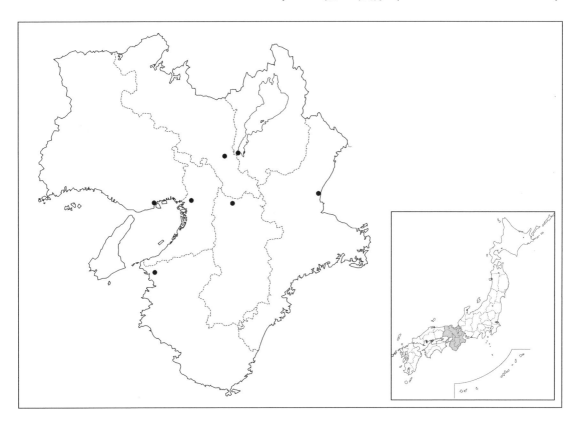

👑 1　近畿地方牛肉を食べる量都市ランキング

黒で上の地図に1位は①，2位は②，3位は③と書こう。

1位：奈良市（奈良県　全国1位）　2位：大阪市（大阪府　全国2位）

3位：堺市（大阪府　全国3位）

👑 2　近畿地方牛乳に使う金額都市ランキング（2021〜2023年平均）

赤で上の地図に1位は①，2位は②，3位は③と書こう。

1位：京都市（京都府　全国1位）　2位：奈良市（奈良県　全国2位）

3位　神戸市（兵庫県　全国4位）

（苦手な都道府県の漢字練習）	（苦手な都道府県の漢字練習）	（苦手な都道府県の漢字練習）

面白ランキングで
近畿地方の府県の特徴と位置を覚えよう！④

年　　組　名前（　　　　　　　　　　）

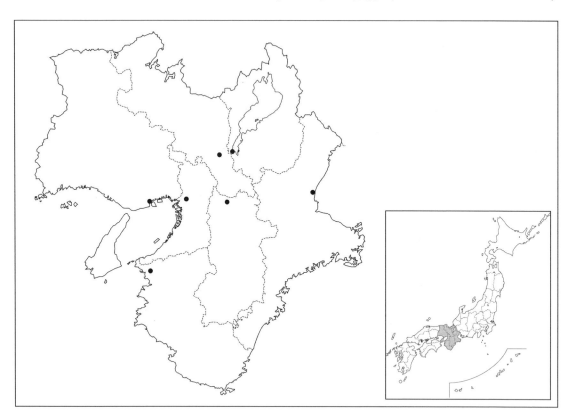

👑 1　近畿地方スナック菓子にお金を使わない都市ランキング (2021〜2023年平均)

黒で上の地図に1位は①，2位は②，3位は③と書こう。

1位：和歌山市（和歌山県　全国1位）　2位：京都市（京都府　全国2位）

3位：神戸市（兵庫県　全国7位）

👑 2　近畿地方焼き鳥にお金を使わない都市ランキング (2021〜2023年平均)

赤で上の地図に1位は①，2位は②と書こう。

1位：津市（三重県　全国1位）

2位：奈良市（奈良県　全国4位）

（苦手な都道府県の漢字練習）	（苦手な都道府県の漢字練習）	（苦手な都道府県の漢字練習）

面白ランキングで 近畿地方の府県の特徴と位置を覚えよう！⑤

年　　組　名前（　　　　　　　　　）

※河川については，地図では本流を記載し，ランキングでは支流を含めた都道府県を記載している

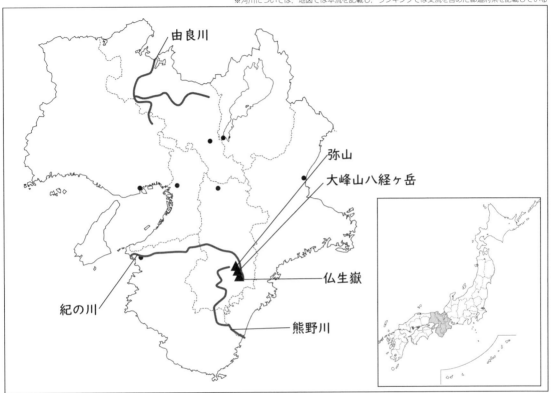

1 近畿地方の川の長さランキング

黒で上の地図に1位は①，2位は②，3位は③と書こう。
1位：新宮川（熊野川）（和歌山・三重・奈良　183km　全国14位）
2位：由良川（京都・兵庫　146km　全国21位）
3位：紀の川（和歌山・奈良　136km　全国27位）

2 近畿地方の山の高さランキング

赤で上の地図に1位は①，2位は②，3位は③と書こう。
1位：大峰山八経ヶ岳（奈良　1915m　全国295位）
2位：弥山（奈良　1895m　全国303位）
3位：仏生嶽（奈良　1805m　全国334位）

04　近畿地方　●71

近畿地方の府県の位置を覚えよう！①
　　　名前（　　　　　　　　　）

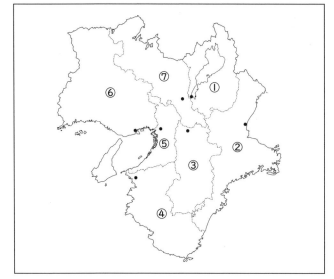

①
②
③
④
⑤
⑥
⑦

近畿地方の府県の位置を覚えよう！②
　　　名前（　　　　　　　　　）

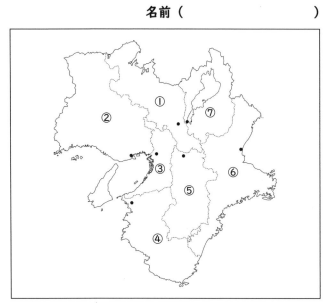

①
②
③
④
⑤
⑥
⑦

近畿地方の府県の位置を覚えよう！③
　　　名前（　　　　　　　　）

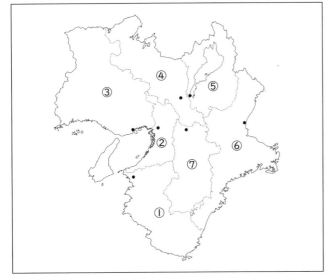

①
②
③
④
⑤
⑥
⑦

近畿地方の府県の位置を覚えよう！④
　　　名前（　　　　　　　　）

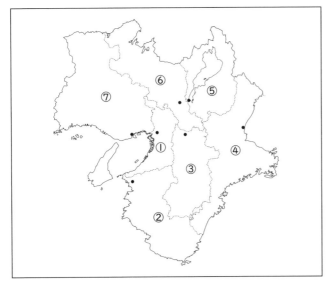

①
②
③
④
⑤
⑥
⑦

近畿地方の山・川・平野を覚えよう！①

年　　組　名前（　　　　　　　　）

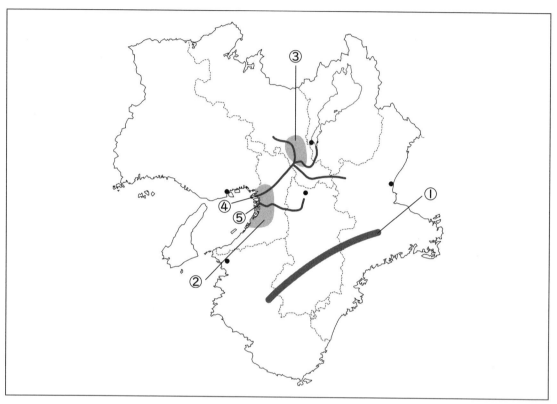

近畿地方の主な山（山地・盆地）・川・平野の名前をなぞり，右に練習しよう。

①紀伊山地	紀	②大阪平野	大
③京都盆地	京	④淀川	淀
⑤大和川	大	（漢字練習）	（漢字練習）
（漢字練習）	（漢字練習）	（漢字練習）	（漢字練習）

近畿地方の山・川・平野を覚えよう！②

年　　組　名前（　　　　　　　　）

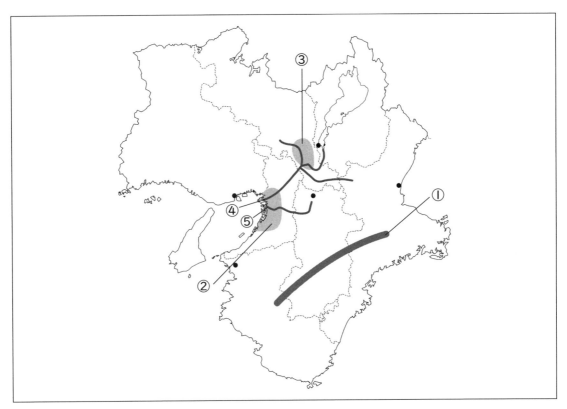

近畿地方の主な山（山地・盆地）川・平野の名前を書こう。

①	②	③	④
	（漢字練習）	（漢字練習）	（漢字練習）
⑤			
（漢字練習）	（漢字練習）	（漢字練習）	（漢字練習）

近畿地方の府県庁所在地を覚えよう！①

年　　組　名前（　　　　　　　　　）

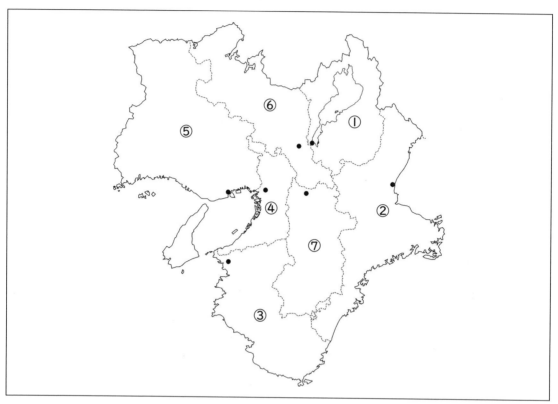

近畿地方の府県庁所在地の名前をなぞり，右に練習しよう。

① 大津	大	② 津	津
③ 和歌山	和	④ 大阪	大
⑤ 神戸	神	⑥ 京都	京
⑦ 奈良	奈	（漢字練習）	（漢字練習）
（漢字練習）	（漢字練習）	（漢字練習）	（漢字練習）

近畿地方の府県庁所在地を覚えよう！②

年　組　名前（　　　　　　　　）

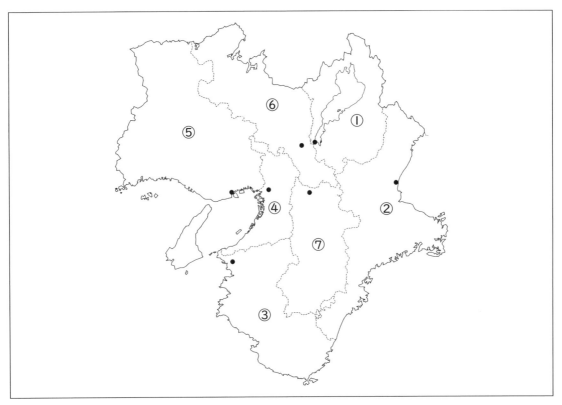

近畿地方の府県庁所在地の名前を書こう。

①	②	③	④
			（漢字練習）
⑤	⑥	⑦	
（漢字練習）	（漢字練習）	（漢字練習）	（漢字練習）
（漢字練習）	（漢字練習）	（漢字練習）	（漢字練習）

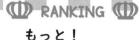

近畿地方の府県の位置を覚えるための面白ランキング

ランキングをみて，白地図で場所を何度も確認しよう！

👑 近畿地方の古い会社ランキング

1位…金剛組（大阪府　建築　創業578年　全国1位）／
2位…池坊（京都府　華道　創業587年　全国2位）／
3位…古まん（兵庫県　旅館　創業717年　全国4位）

※近畿の歴史がわかるランキング。因みに全国3位は山梨県の西山温泉慶雲館。創業705年。

👑 近畿地方1年に玉ねぎを食べる量が多い都市ランキング（2021～2023年平均）

1位…大津市（滋賀県　全国1位）／ 2位…京都市（京都府　全国2位）／
3位…奈良市（奈良県　全国4位）　★全国3位は千葉市！

※琵琶湖は漁業法上，海という扱いなのも面白い。

👑 近畿地方お味噌にはお金を使わない都市ランキング（2021～2023年平均）

1位…和歌山市（和歌山県　全国1位）／ 2位…神戸市（兵庫県　全国3位）／
3位…大阪市（大阪府　全国4位）　★全国2位は岡山市

※和歌山県では那智の滝やエルトゥールル号の資料があるトルコ記念館も必見‼

👑 近畿地方清酒（日本酒）の生産量ランキング

1位…兵庫県（全国1位）／ 2位…京都府（全国2位）／ 3位…新潟県（全国3位）

※兵庫県は酒用のお米「山田錦」も全国1位‼　酒米の田んぼには酒造の旗が立てられる。

👑 近畿地方重要文化財建造物数ランキング（2024年3月現在）

1位…京都府（全国1位）／ 2位…奈良県（全国2位）／ 3位…滋賀県（全国3位）

※建物は動かせない。だから歴史が数に影響する。

👑 近畿地方の歴代天皇陵，古い陵があるランキング

1位…奈良県／ 2位…大阪府／ 3位…京都府

※奈良県は初代，大阪府は14代，京都府は38代がもっとも古い。ちなみに4位は滋賀県で39代。

👑 近畿地方で教育に力を入れている（教育費割合の高い）ランキング（2020年）

1位…三重県（全国1位）／ **2位**…滋賀県（全国3位）／ **3位**…奈良県（全国5位）

※全国2位は埼玉県，4位は鹿児島県。

参考文献・資料 📖🔍 近畿地方 （2024年3月16日最終閲覧）

農林水産省「令和4年鶏卵流通統計調査結果」

総務省統計局「令和2年国勢調査」

総務省統計局「統計でみる都道府県のすがた2024」

総務省統計局家計調査「2021年～2023年平均品目別都道府県庁所在地及び政令指定都市ランキング」

農林水産省「地域特産野菜生産状況調査」2020

国土交通省「一級河川の河川延長等調＊水系別・指定年度別・地整整備局等別延長等調」

国税庁統計情報令和4年度「3　関節税　酒税」「酒税関係総括表」（nta.go.jp）

国土交通省近畿地方整備局「新宮川水系」（mlit.go.jp）

伊藤賀一監修『「47都道府県」地図帖の深読み事典』宝島社（2020年）

伊藤賀一『47都道府県の歴史と地理がわかる事典』幻冬舎新書（2019年）

博学こだわり倶楽部編『47都道府県　話のネタ大事典』河出書房新社（2020年）

齋藤勝裕『SUPER サイエンス鮮度を保つ漁業の科学』シーアンドアール研究所（2020年）

東京商工リサーチ「全国「老舗企業」調査」（tsr-net.co.jp）

大石慎三郎「日本の遷都の系譜」『学習院大学　経済論集』第28巻，第78号1991年10月

宮内庁「天皇陵」https://www.kunaicho.go.jp/ryobo/successive-list.html#top

※山の高さは国土地理院の「日本の主な山岳一覧」（gsi.go.jp）から筆者作成

※川の長さは国土交通省の「一級河川水系別延長等」から筆者作成

05 中国・四国地方

中国・四国地方を覚えよう！

島根県　県庁所在地：松江市
人口：67万人（全国46位）
面積：6707㎢（全国19位）
特産・名物：シジミ，ブリ
有名な場所：出雲大社，石見銀山，宍道湖
有名なこと：神在祭
その他：石見銀山は世界遺産

山口県　県庁所在地：山口市
人口：134万人（全国27位）
面積：6112㎢（全国23位）
特産・名物：ふぐ（ふく）
有名な場所：秋吉台，秋芳洞，角島大橋
有名なこと：秋吉台山焼き
その他：フランシスコ・ザビエルの滞在地

広島県　県庁所在地：広島市
人口：279万人（全国12位）
面積：8479㎢（全国11位）
特産・名物：カキ（貝），もみじ饅頭
有名な場所：平和記念公園，嚴島
有名なこと：平和記念式典
その他：呉の大和ミュージアムも必見

愛媛県　県庁所在地：松山市
人口：133万人（全国28位）
面積：5676㎢（全国26位）
特産・名物：みかんなどの柑橘類，鯛など
有名な場所：松山城，道後温泉
有名なこと：新居浜太鼓祭り，松山秋祭り
その他：今治タオルを是非使ってみて

地方の特徴

全体として

○海側の2つの地域（日本海側・太平洋側）と，山にはさまれた瀬戸内の地域に分かれる。

少し細かく見ると……

○日本海側は雪が多く，北陸とよく似た気候。
　→日本海でエネルギー（水分）を得た雲が，中国山地にぶつかって雪を降らせる。

○瀬戸内は晴れが多い（雨が少ないとも）。
　香川県の水不足はよくニュースに。
　→瀬戸内気候（北風は中国山地が，南風は四国山地が水分を奪う）。

○太平洋側は温暖。しかし，雨が多い！
　→四国山地に当たった雲がたくさんの雨を降らせる。

鳥取県　県庁所在地：鳥取市
人口：55万人（全国47位）
面積：3507㎢（全国41位）
特産・名物：カニ，ナシ，らっきょう
有名な場所：鳥取砂丘，大山，境港
有名なこと：カニ感謝祭，もちがせの雛おくり
その他：水木しげるロードと青山剛昌ふるさと館

岡山県　県庁所在地：岡山市
人口：188万人（全国20位）
面積：7114㎢（全国17位）
特産・名物：マスカット，白桃，カキ（貝）
有名な場所：倉敷美観地区，後楽園
有名なこと：西大寺会陽（はだか祭り）
その他：水島コンビナートも有名

香川県　県庁所在地：高松市
人口：95万人（全国39位）
面積：1876㎢（全国47位）
特産・名物：うどん，オリーブ
有名な場所：金刀比羅宮，善通寺，栗林公園
有名なこと：力餅運搬競技大会
その他：おそらく全国の人が思っている10倍うどんが好き

高知県　県庁所在地：高知市
人口：69万人（全国45位）
面積：7103㎢（全国18位）
特産・名物：かつお，なす，きゅうり，ピーマンなど
有名な場所：四万十川，坂本龍馬記念館，桂浜
有名なこと：よさこい祭り
その他：やなせたかしさんのゆかりの地，実は出身は東京

徳島県　県庁所在地：徳島市
人口：71万人（全国44位）
面積：4146㎢（全国36位）
特産・名物：なると金時，にんじん，すだちなど
有名な場所：鳴門の渦潮，大歩危小歩危
有名なこと：阿波おどり
その他：第九の日本初の演奏の地

思わず話したくなる！

中国・四国地方の面白ネタ

位置の覚え方

山陰（山口含む），山陽，四国で分ける。全て九州側からスタート。

山陰：山口→島根→鳥取　くち　ね　っとり（口，ねっとり）

山陽：広島→岡山ひろ　おか？（拾おうか？）

四国：愛媛→高知→徳島→香川　エ　コ　と　く　か？（エコ得か？）

都道府県別！面白ネタ

山口

総理大臣輩出数№１県。

ガードレールが黄色。これは，1963年の国体の時に夏みかん色にしたから。

島根

ヤマタノオロチ退治の舞台。

10月は「神無月」だが，島根県では「神在月」。日本中の神様が集まる。

鳥取

カレールウ購入金額が全国１位。特産のらっきょうと関係あり？

三徳山三佛寺投入堂は見に行く価値あり。

広島

嚴島神社は，わざと壊れやすいように作られている。

宮島の鹿は，奈良とは違ってエサやり禁止。

岡山

カラオケボックス発祥の地。

愛媛

松山空港に「蛇口からポンジュース」は存在する。

高知

温暖なのでかつては米の二期作がさかんだった。今は促成栽培がさかん。

徳島

全国で唯一電車が走っていない。

香川

香川県には世界一せまい海峡がある（土渕海峡／どふちかいきょう　最狭幅9.93m）。

中国・四国地方の練習をしよう！①

年　　組　名前（　　　　　　　　）

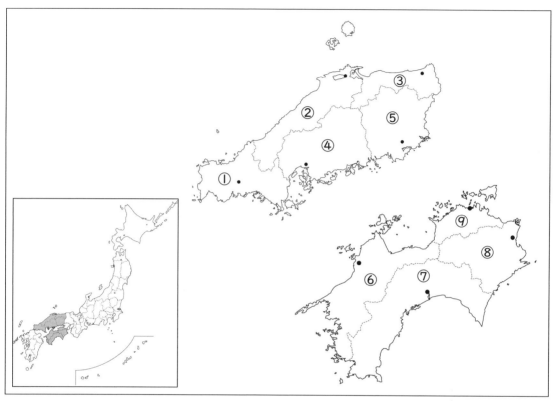

都道府県の漢字をなぞり，右に練習しよう。空いている□は忘れそうな県の漢字を書こう。

① 山口	山	② 島根	島
③ 鳥取	鳥	④ 広島	広
⑤ 岡山	岡	⑥ 愛媛	愛
⑦ 高知	高	⑧ 徳島	徳
⑨ 香川	香	（漢字練習）	（漢字練習）

中国・四国地方の練習をしよう！②

年　組　名前（　　　　　　　　）

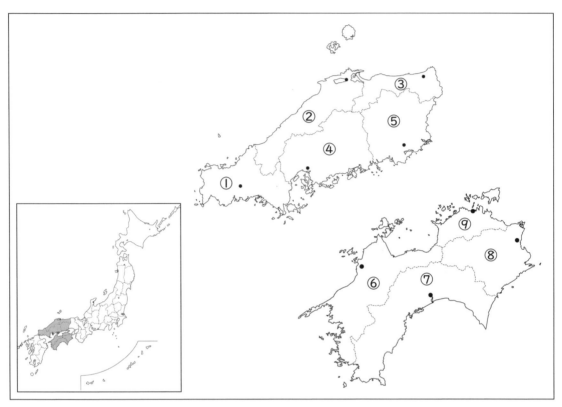

都道府県の名前を書こう。１つ10点（漢字で書ければ１つ20点）。

①	②	③	④
⑤	⑥	⑦	⑧
⑨	（漢字練習）	（漢字練習）	（漢字練習）
（漢字練習）	（漢字練習）	（漢字練習）	（漢字練習）
（漢字練習）	（漢字練習）	（漢字練習）	（漢字練習）

面白ランキングで
中国・四国地方の県の特徴と位置を覚えよう！①

年　　組　名前（　　　　　　　　　）

👑 1　中国・四国地方人口ランキング（2023年）

黒で上の地図に1位は①，2位は②，3位は③と書こう。

1位：広島県（全国12位）　2位：岡山県（全国20位）　3位：愛媛県（全国28位）

👑 2　中国・四国地方電気を使う量（電力需要量）が少ないランキング
（2021年）

赤で上の地図に1位は①，2位は②，3位は③と書こう。

1位：鳥取県（全国1位）　2位：高知県（全国2位）　3位：島根県（全国3位）

（苦手な都道府県の漢字練習）	（苦手な都道府県の漢字練習）	（苦手な都道府県の漢字練習）

05　中国・四国地方

面白ランキングで
中国・四国地方の県の特徴と位置を覚えよう！②

年　　組　名前（　　　　　　　　　）

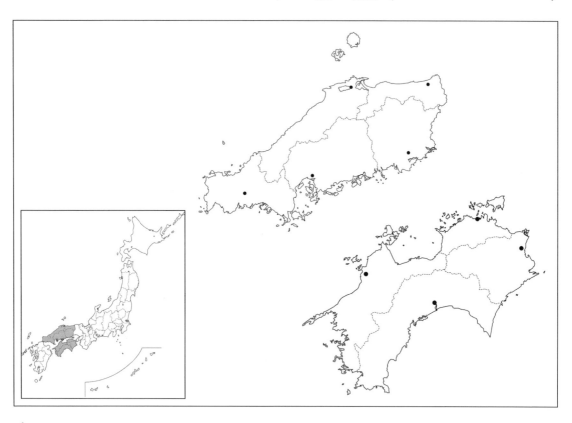

👑 1　中国・四国地方面積ランキング

黒で上の地図に１位は①，２位は②，３位は③と書こう。
１位：広島県（全国11位）　２位：岡山県（全国17位）　３位：高知県（全国18位）

👑 2　中国・四国地方サバをもっとも食べる量都市ランキング

（2021～2023年平均）

赤で上の地図に１位は①，２位は②，３位は③と書こう。
１位：松江市（島根県　全国１位）　２位：鳥取市（鳥取県　全国２位）
３位：松山市（愛媛県　全国５位）

（苦手な都道府県の漢字練習）	（苦手な都道府県の漢字練習）	（苦手な都道府県の漢字練習）

86

面白ランキングで中国・四国地方の県の特徴と位置を覚えよう！③

年　　組　名前（　　　　　　　　　）

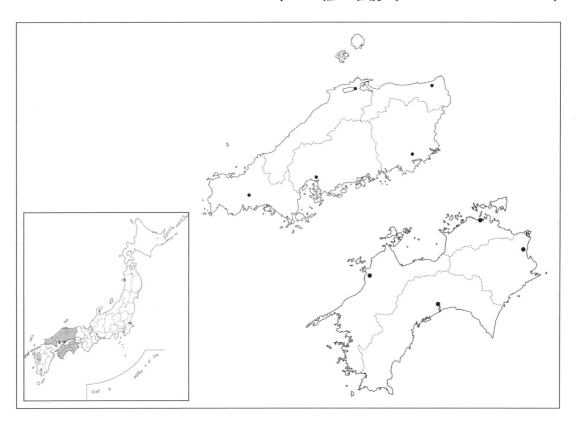

👑 1　中国・四国地方10万人当たりの医師の数ランキング
（2021～2023年平均）

黒で上の地図に１位は①，２位は②，３位は③と書こう。
１位：徳島県（全国１位）　２位：高知県（全国３位）　３位：岡山県（全国５位）

👑 2　中国・四国地方雨の量が少ないランキング（2022年）

赤で上の地図に１位は①，２位は②，３位は③と書こう。
１位：香川県（全国１位）　２位：岡山県（全国２位）　３位：愛媛県（全国６位）

（苦手な都道府県の漢字練習）	（苦手な都道府県の漢字練習）	（苦手な都道府県の漢字練習）

05　中国・四国地方

面白ランキングで
中国・四国地方の県の特徴と位置を覚えよう！④

年　　組　名前（　　　　　　　　　）

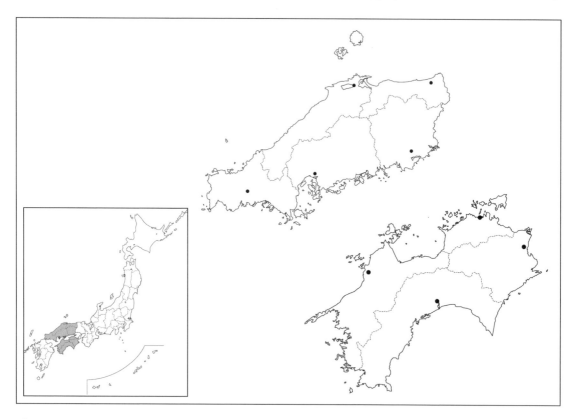

1 中国・四国地方銀行貯金が多い人口ランキング（2021年）

黒で上の地図に1位は①，2位は②，3位は③と書こう。
1位：徳島県（全国3位）　2位：香川県（全国4位）　3位：愛媛県（全国5位）

2 中国・四国地方ゴミのリサイクルがさかんランキング（2021年）

赤で上の地図に1位は①，2位は②，3位は③と書こう。
1位：山口県（全国1位）　2位：鳥取県（全国2位）　3位：岡山県（全国6位）

（苦手な都道府県の漢字練習）	（苦手な都道府県の漢字練習）	（苦手な都道府県の漢字練習）

面白ランキングで
中国・四国地方の県の特徴と位置を覚えよう！⑤

年　　組　名前（　　　　　　　　　　）

※河川については、地図では本流を記載し、ランキングでは支流を含めた都道府県を記載している

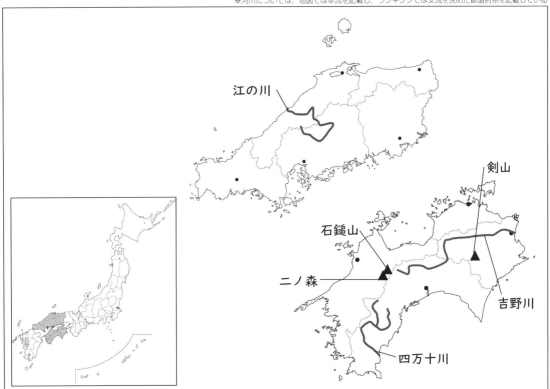

1　中国・四国地方の川の長さランキング

黒で上の地図に1位は①，2位は②と書こう。
1位：渡川（四万十川）（高知・愛媛　196km　全国11位）
2位：江の川（島根・広島　194km　全国12位）
2位：吉野川（徳島・高知・香川・愛媛　194km　全国12位）

2　中国・四国地方の山の高さランキング

赤で上の地図に1位は①，2位は②，3位は③と書こう。
1位：石鎚山（愛媛　1982m　全国262位）
2位：剣山（徳島　1955m　全国278位）
3位：二ノ森（愛媛　1930m　全国284位）

中国・四国地方の県の位置を覚えよう！①
名前（　　　　　　　　）

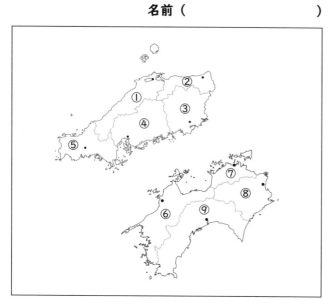

①
②
③
④
⑤
⑥
⑦
⑧
⑨

中国・四国地方の県の位置を覚えよう！②
名前（　　　　　　　　）

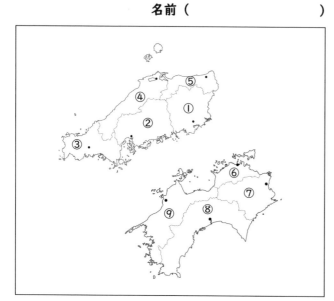

①
②
③
④
⑤
⑥
⑦
⑧
⑨

中国・四国地方の県の位置を覚えよう！③
名前（　　　　　　　　　）

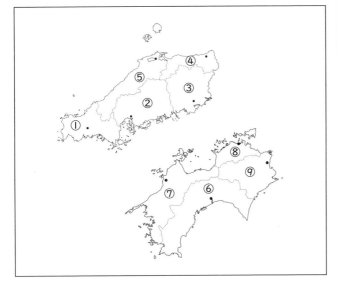

①
②
③
④
⑤
⑥
⑦
⑧
⑨

中国・四国地方の県の位置を覚えよう！④
名前（　　　　　　　　　）

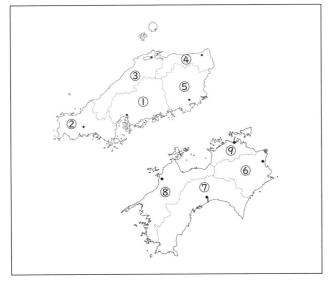

①
②
③
④
⑤
⑥
⑦
⑧
⑨

中国・四国地方の山・川・平野を覚えよう！①

年　　組　名前（　　　　　　　　　）

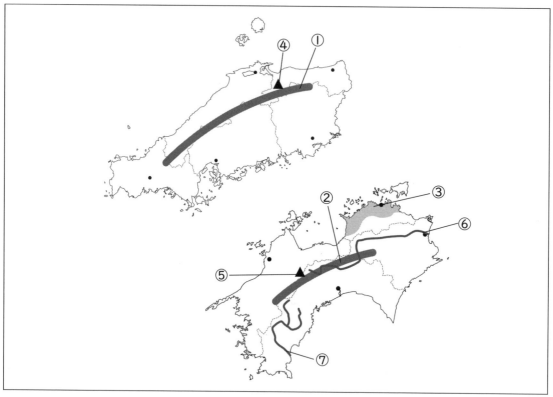

中国・四国地方の主な山（山地）・川・平野の名前をなぞり，右に練習しよう。

①中国山地	中	②四国山地	四
③讃岐平野	讃	④大山	大
⑤石鎚山	石	⑥吉野川	吉
⑦四万十川	四	（漢字練習）	（漢字練習）
（漢字練習）	（漢字練習）	（漢字練習）	（漢字練習）
（漢字練習）	（漢字練習）	（漢字練習）	（漢字練習）

中国・四国地方の山・川・平野を覚えよう！②

年　組　名前（　　　　　　　　　）

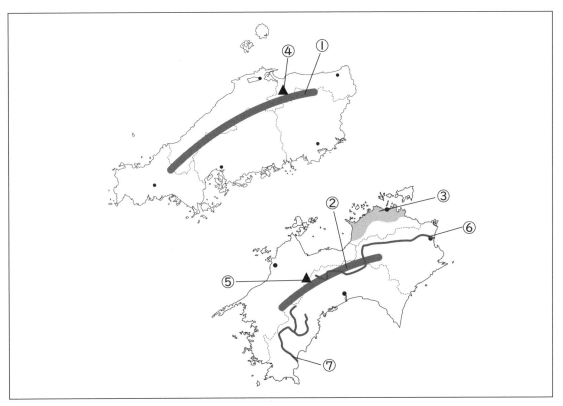

中国・四国地方の主な山（山地）・川・平野の名前を書こう。

①	②	③	④
			（漢字練習）
⑤	⑥	⑦	
（漢字練習）	（漢字練習）	（漢字練習）	（漢字練習）

中国・四国地方の県庁所在地を覚えよう！①

年　　組　名前（　　　　　　　　）

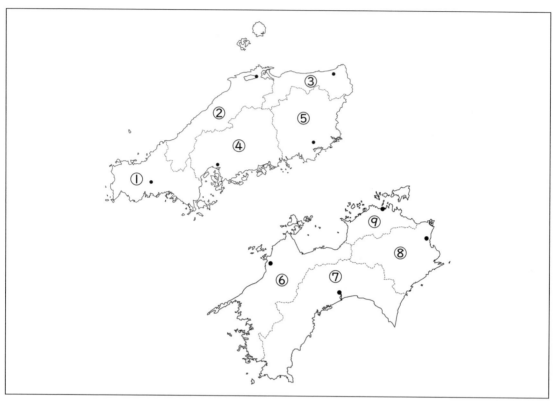

中国・四国地方の県庁所在地の名前をなぞり，右に練習しよう。

① 山口	山	② 松江	松
③ 鳥取	鳥	④ 広島	広
⑤ 岡山	岡	⑥ 松山	松
⑦ 高知	高	⑧ 徳島	徳
⑨ 高松	高	（漢字練習）	（漢字練習）

中国・四国地方の県庁所在地を覚えよう！②

年　組　名前（　　　　　　　　）

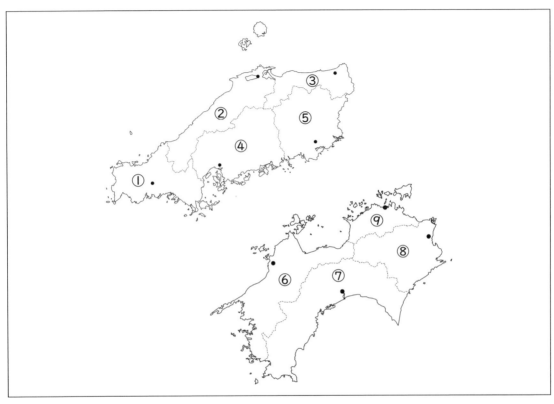

中国・四国地方の県庁所在地の名前を書こう。

①	②	③	④
⑤	⑥	⑦	⑧
⑨	（漢字練習）	（漢字練習）	（漢字練習）
（漢字練習）	（漢字練習）	（漢字練習）	（漢字練習）

中国・四国地方の県の位置を覚えるための面白ランキング

ランキングをみて，白地図で場所を何度も確認しよう！

♛ **中国・四国地方インスタントラーメンに使う金額が多い都市ランキング（2021～2023年）**
|1位|…鳥取市（鳥取県　全国1位）／|2位|…高知市（高知県　全国3位）／
|3位|…松山市（愛媛県　全国4位）

※鳥取砂丘は日本一大きな砂丘ではない。

♛ **中国・四国地方サバをもっとも食べる都市ランキング（2021～2023年）**（再掲）
|1位|…松江市（島根県　全国1位）／|2位|…鳥取市（鳥取県　全国2位）／
|3位|…松山市（愛媛県　全国5位）

※出雲大社のオオクニヌシとアマテラス。勝敗は代表者による「力くらべ」で決められた。

♛ **中国・四国地方ソースをたくさん買う都市ランキング（2021～2023年）**
|1位|…広島市（広島県　全国1位）／|2位|…松山市（愛媛県　全国2位）／
|3位|…岡山市（岡山県　全国3位）

※やはりお好み焼き文化の影響？（お好み焼き，関西では「広島焼」と言いますが許してください…）

♛ **中国・四国地方小学校の，クラスの人数が少ないランキング（2022年）**
|1位|…高知県（全国1位）／|2位|…島根県（全国2位）／|3位|…徳島県（全国6位）

※中学校では，1位高知県／2位徳島県／3位島根県。

♛ **中国・四国地方雨の量が少ないランキング（2022年）**（再掲）
|1位|…香川県（全国1位）／|2位|…岡山県（全国2位）／|3位|…愛媛県（全国6位）

※全国3位は和歌山県，全国4位山梨県，5位長野県。
　かつてはよく香川県の水不足がニュースになっていた。
　逆に雨が多いのは，沖縄県→静岡県→鹿児島県の順。台風の影響が大きい。

♛ **中国・四国地方パスタを食べる量が少ない都市ランキング（2021～2023年）**
|1位|…徳島市（徳島県　全国1位）／|2位|…高松市（香川県　全国2位）／

3位 …高知市（高知県　全国4位）

※徳島ラーメンやうどんを食べるということだろうか。

👑 中国・四国地方米に使う金額が少ない都市ランキング（2021〜2023年）

1位 …岡山市（岡山県　全国1位）／ 2位 …高松市（香川県　全国2位）／
3位 …松山市（香川県　全国4位）

※桃太郎は岡山県ではないとかいう話もあるが，どうなのかはわからない。

👑 中国・四国地方大根を食べる量が少ない都市ランキング（2021〜2023年）

1位 …山口市（山口県　全国1位）／ 2位 …松山市（愛媛県　全国2位）／
3位 …高知市（高知県　全国4位）

※ふぐの禁止は豊臣秀吉，ふぐの解禁は伊藤博文だとか。

👑 中国・四国地方お茶飲料に使う金額が少ない都市ランキング（2021〜2023年）

1位 …松山市（愛媛県　全国1位）／ 2位 …鳥取市（鳥取県　全国2位）／
3位 …松江市（島根県　全国4位）

※愛媛県の柑橘は品目で40種類以上。「紅まどんな」は愛媛県オリジナルで最高においしい。

参考文献・資料 📖🔍 中国・四国地方 （2024年3月20日最終閲覧）

農林水産省「令和4年鶏卵流通統計調査結果」

総務省統計局「令和2年国勢調査」

農林水産省「地域特産野菜生産状況調査」2020

国土交通省「一級河川の河川延長等調＊水系別・指定年度別・地整整備局等別延長等調」

愛媛県産かんきつPRサイト　愛媛かんきつの種類について（愛媛かんきつ部）（aifood.jp）

伊藤賀一監修『「47都道府県」地図帖の深読み事典』宝島社（2020年）

伊藤賀一『47都道府県の歴史と地理がわかる事典』幻冬舎新書（2019年）

谷釜尋徳『スポーツの日本史』吉川弘文館（2023年）

※山の高さは国土地理院の「日本の主な山岳一覧」（gsi.go.jp）から筆者作成

※川の長さは国土交通省の「一級河川水系別延長等」から筆者作成

06 九州・沖縄地方

九州・沖縄地方を覚えよう！

佐賀県 県庁所在地：佐賀市
人口：81万人（全国41位）
面積：2440㎢（全国42位）
特産・名物：のり，イカ，陶磁器，茶，佐賀牛
有名な場所：吉野ヶ里遺跡，有明海
有名なこと：有田陶器市，バルーンフェスタ
その他：有明海の干満差は最大6メートル!!

長崎県 県庁所在地：長崎市
人口：131万人（全国30位）
面積：4130㎢（全国37位）
特産・名物：カステラ，五島うどん，びわ
有名な場所：平和公園，軍艦島（通称）
有名なこと：山焼き，長崎くんち，子泣き相撲
その他：「長崎と天草地方の潜伏キリシタン
　　　　関連遺産」は世界遺産

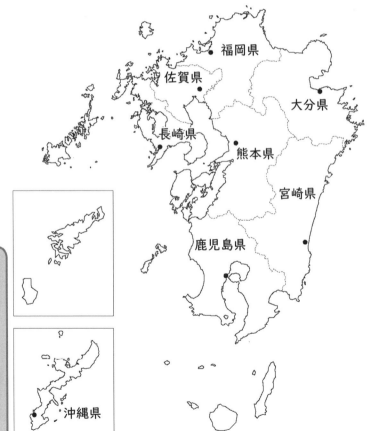

熊本県
県庁所在地：熊本市
人口：173万人（全国23位）
面積：7409㎢（全国15位）
特産・名物：スイカ，トマト，
　　　　　　馬刺し，からし蓮
　　　　　　根
有名な場所：阿蘇山，通潤橋，
　　　　　　熊本城（再建中）
有名なこと：火の国まつり，山
　　　　　　鹿灯籠まつり
その他：「長崎と天草地方の潜
　　　　伏キリシタン関連遺
　　　　産」は世界遺産

地方の特徴

全体として

○沖縄県や鹿児島県の島しょ部だけでなく，全体的に温暖（プロ野球キャンプの定番は沖縄県，宮崎県）。また，自然を利用した産業がさかん。
　→農業，漁業はもちろん，地熱発電などもさかん。

少し細かく見ると……

○沖縄県は全体が亜熱帯地方。
　→桜が1月に咲き，しかも北部から南下する。
○日本海側は海外と行き来する人々の窓口。
　→長崎県，佐賀県の「シュガーロード」は江戸時代のなごり。
　→佐賀県の吉野ケ里遺跡や福岡県の元寇防塁あと，志賀島の金印など。
○大分県や鹿児島県は温泉が多い。また，地熱発電がさかん。

福岡県　県庁所在地：福岡市
人口：513万人（全国9位）
面積：4986㎢（全国29位）
特産・名物：明太子，水炊き，もつ鍋，ラーメン
有名な場所：大宰府天満宮，八幡製鐵所
有名なこと：博多どんたく，博多祇園山笠
その他：「神宿る島」宗像・沖ノ島と関連遺産群は世界遺産

大分県　県庁所在地：大分市
人口：112万人（全国34位）
面積：6340㎢（全国22位）
特産・名物：関サバ・関アジ，カボス
有名な場所：別府温泉，湯布院温泉，岡城跡
有名なこと：ホーランエンヤ
その他：温泉県として売り出している

宮崎県　県庁所在地：宮崎市
人口：106万人（全国35位）
面積：7734㎢（全国14位）
特産・名物：キュウリ，ピーマン，マンゴー
有名な場所：高千穂峡（日本神話の天孫降臨の地）
有名なこと：高千穂夜神楽
その他：日南海岸には7体のモアイ像がある

沖縄県　県庁所在地：那覇市
人口：146万人（全国25位）
面積：2282㎢（全国44位）
特産・名物：サトウキビ，パイナップル　など
有名な場所：美ら海水族館，首里城（再建中）
有名なこと：ハーリー，エイサー，綱引き
その他：「琉球王国のグスク及び関連遺産群」は世界遺産

鹿児島県　県庁所在地：鹿児島市
人口：158万人（全国24位）
面積：9188㎢（全国10位）
特産・名物：サツマイモ，桜島大根，畜産業
有名な場所：桜島，種子島，屋久島，奄美大島
有名なこと：おはら祭
その他：シラス台地（火山灰）のため畑作に向いている。また，屋久島は世界遺産

06　九州・沖縄地方

思わず話したくなる！

九州・沖縄地方の面白ネタ

位置の覚え方

沖縄は覚えやすい。九州は，①本州側と②そうでない側で分ける。

① 福岡→大分→宮崎 「ふく を みーや」（服を見ーや）

② 長崎→佐賀→熊本→鹿児島 「なが さ 熊 か！」（長さ熊か！）

都道府県別！面白ネタ

福岡

サザエさんは福岡から東京に引っ越したので，最初の舞台は福岡。

大分

自宅に温泉が引ける。

福沢諭吉の出身地としても有名。

宮崎

食料自給率が281%（生産額ベース）。

長崎

かつて対馬に455mのオメガタワーがあった。

稲佐山からの夜景は「日本三大夜景」。

佐賀

佐賀市では防災無線が日々時刻を知らせてくれる。

熊本

人吉市には，「子どもたちのポケットに夢がいっぱい，そんな笑顔を忘れない古都人吉応援団条例」という条例がある。

鹿児島

奄美市には，「ヤギ放し飼い禁止」条例がある。

屋久島は雨が多い。そのため，「1カ月35日雨が降る」とか「1年に366日雨が降る」などの冗談を言われる。

沖縄

嘉手納基地にあり，誰でも入れるレストラン「シーサイド」はカリフォルニア海軍が運営している。ドル払いで，チップも必要。

宮古島ではクジャクが野生化し，「県指定侵略的外来種」に指定されている。ちなみに2021年度には559羽が駆除された。

九州・沖縄地方の練習をしよう！①

年　組　名前（　　　　　　　　）

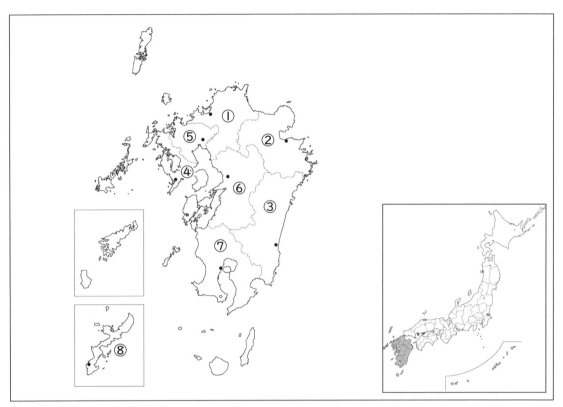

都道府県の漢字をなぞり，右に練習しよう。空いている□は忘れそうな県の漢字を書こう。

① 福岡	福	② 大分	大
③ 宮崎	宮	④ 長崎	長
⑤ 佐賀	佐	⑥ 熊本	熊
⑦ 鹿児島	鹿	⑧ 沖縄	沖
（漢字練習）	（漢字練習）	（漢字練習）	（漢字練習）

九州・沖縄地方の練習をしよう！②

年　　組　名前（　　　　　　　　）

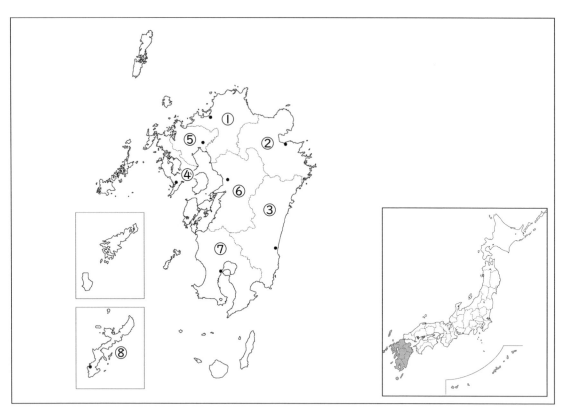

都道府県の名前を書こう。１つ10点（漢字で書ければ１つ20点）。

①	②	③	④
⑤	⑥	⑦	⑧
（漢字練習）	（漢字練習）	（漢字練習）	（漢字練習）
（漢字練習）	（漢字練習）	（漢字練習）	（漢字練習）
（漢字練習）	（漢字練習）	（漢字練習）	（漢字練習）

面白ランキングで
九州・沖縄地方の県の特徴と位置を覚えよう！①

年　　組　名前（　　　　　　　　　　）

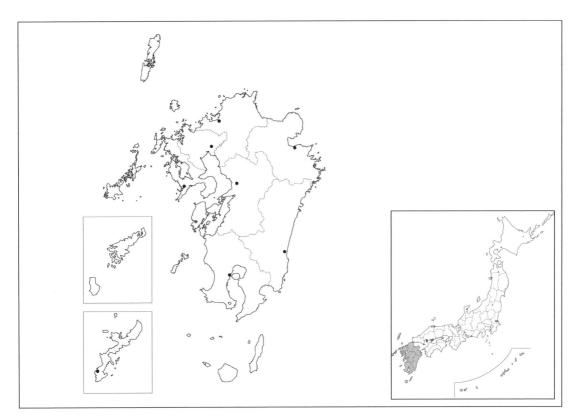

👑 1　九州・沖縄地方人口ランキング（2023年）

黒で上の地図に1位は①，2位は②，3位は③と書こう。

1位：福岡県（全国9位）　2位：熊本県（全国23位）　3位：鹿児島県（全国24位）

👑 2　九州・沖縄地方平均気温が高いランキング（2022年）

赤で上の地図に1位は①，2位は②，3位は③と書こう。

1位：沖縄県（全国1位）　2位：鹿児島県（全国2位）　3位：宮崎県（全国3位）

（苦手な都道府県の漢字練習）	（苦手な都道府県の漢字練習）	（苦手な都道府県の漢字練習）

06　九州・沖縄地方　●103

面白ランキングで九州・沖縄地方の県の特徴と位置を覚えよう！②

年　　組　名前（　　　　　　　　）

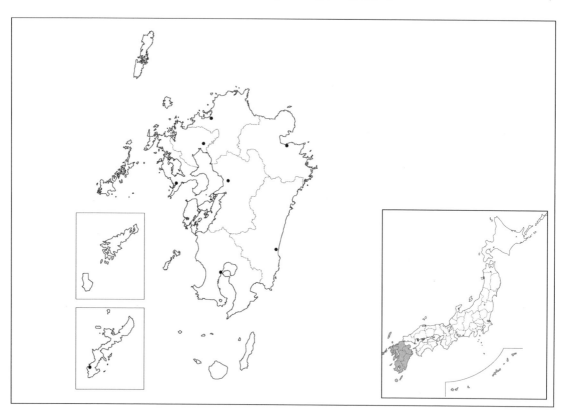

👑 1　九州・沖縄地方面積ランキング

黒で上の地図に１位は①，２位は②，３位は③と書こう。
１位：鹿児島県（全国10位）　２位：宮崎県（全国14位）　３位：大分県（全国22位）

👑 2　九州・沖縄地方島の数が多いランキング

赤で上の地図に１位は①，２位は②，３位は③と書こう。
１位：長崎県（全国１位）　２位：鹿児島県（全国３位）　３位：沖縄県（全国５位）
（全国２位は北海道　４位は岩手県）

（苦手な都道府県の漢字練習）	（苦手な都道府県の漢字練習）	（苦手な都道府県の漢字練習）

104

面白ランキングで九州・沖縄地方の県の特徴と位置を覚えよう！③

年　　組　名前（　　　　　　　　　）

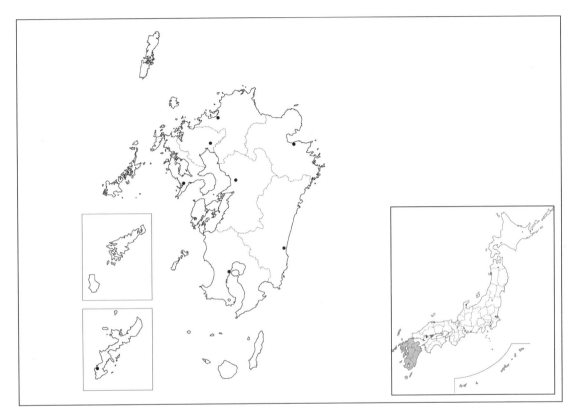

👑 1　九州・沖縄地方鶏肉をもっとも食べる都市ランキング
（2021～2023年平均）

黒で上の地図に1位は①，2位は②，3位は③と書こう。
1位：熊本市（熊本県　全国1位）　2位：福岡市（福岡県　全国3位）
3位：大分市（大分県　全国3位）

👑 2　九州・沖縄地方ライチの生産量ランキング（2020年）

赤で上の地図に1位は①，2位は②，3位は③と書こう。
1位：宮崎県（全国1位）　2位：鹿児島県（全国2位）　3位：佐賀県（全国3位）

（苦手な都道府県の漢字練習）	（苦手な都道府県の漢字練習）	（苦手な都道府県の漢字練習）

06　九州・沖縄地方　●105

面白ランキングで
九州・沖縄地方の県の特徴と位置を覚えよう！④

年　　組　名前（　　　　　　　　　）

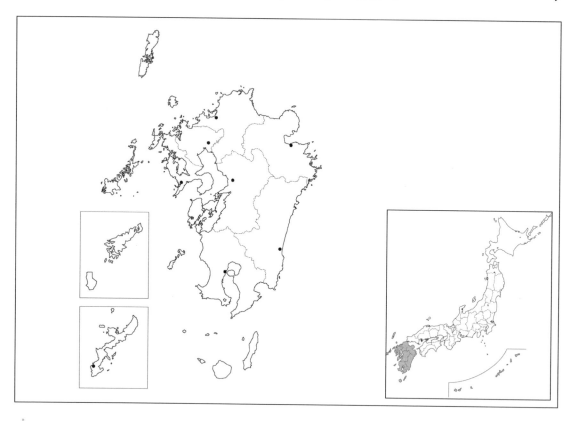

👑 1　九州・沖縄地方果物に使う金額が少ない都市ランキング(2021～2023年平均)

黒で上の地図に1位は①，2位は②，3位は③と書こう。

1位：佐賀市（佐賀県　全国1位）　2位：熊本市（熊本県　全国2位）
3位：鹿児島市（鹿児島県　全国4位）

👑 2　九州・沖縄地方ミンチ(合いびき肉)に使う金額が多い都市ランキング
（2021～2023年平均）

赤で上の地図に1位は①，2位は②，3位は③と書こう。

1位：熊本市（熊本県　全国1位）　2位：長崎市（長崎県　全国2位）
3位：大分市（大分県　全国5位）
（全国3位は鳥取市　4位は岡山市）

面白ランキングで九州・沖縄地方の県の特徴と位置を覚えよう！⑤

年　　組　名前（　　　　　　　　）

※河川については，地図では本流を記載し，ランキングでは支流を含めた都道府県を記載している

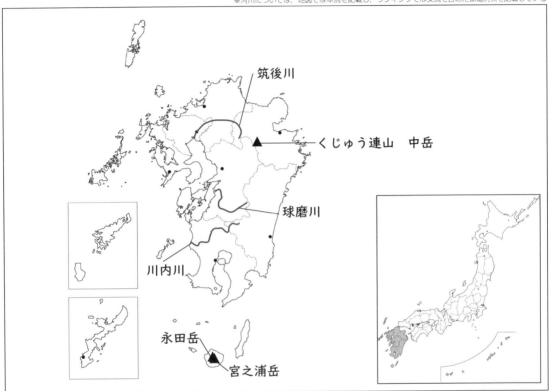

👑 1　九州・沖縄地方の川の長さランキング

黒で上の地図に1位は①，2位は②，3位は③と書こう。

1位：筑後川（福岡・佐賀・大分　143km　全国22位）
2位：川内川（鹿児島・宮崎　137km　全国26位）
3位：球磨川（熊本　115km　全国43位）

👑 2　九州・沖縄地方の山の高さランキング

赤で上の地図に1位は①，2位は②，3位は③と書こう。

1位：宮之浦岳（鹿児島　1936m　全国282位）
2位：永田岳（鹿児島　1886m　全国308位）
3位：くじゅう連山　中岳（大分　1791m　全国338位）

06　九州・沖縄地方　● 107

九州・沖縄地方の県の位置を覚えよう！①
　　　　　名前（　　　　　　　　）

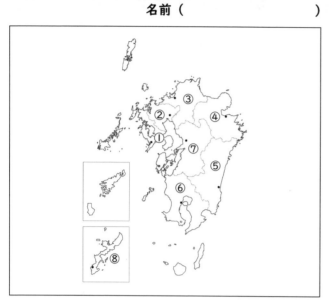

①
②
③
④
⑤
⑥
⑦
⑧

九州・沖縄地方の県の位置を覚えよう！②
　　　　　名前（　　　　　　　　）

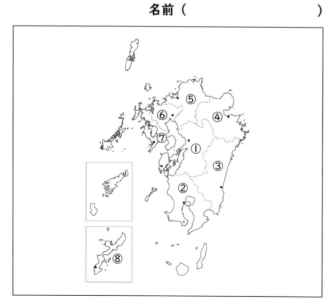

①
②
③
④
⑤
⑥
⑦
⑧

九州・沖縄地方の県の位置を覚えよう！③
名前（　　　　　　　　）

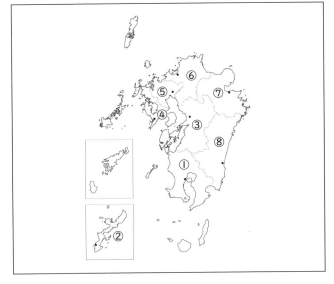

①
②
③
④
⑤
⑥
⑦
⑧

九州・沖縄地方の県の位置を覚えよう！④
名前（　　　　　　　　）

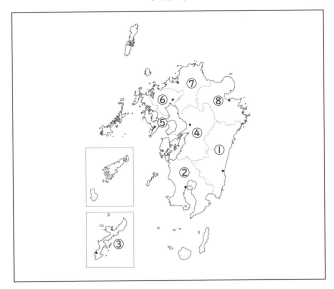

①
②
③
④
⑤
⑥
⑦
⑧

九州・沖縄地方の山・川・平野を覚えよう！①

年　　組　名前（　　　　　　　　　）

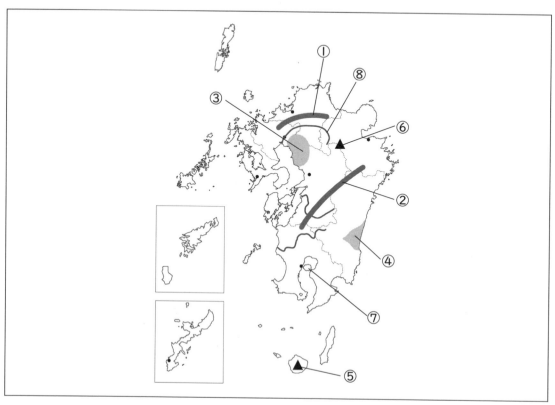

九州・沖縄地方の主な山（山地）・川・平野の名前をなぞり，右に練習しよう。

①筑紫山地	筑	②九州山地	九
③筑紫平野	筑	④宮崎平野	宮
⑤宮之浦岳	宮	⑥くじゅう連山 中岳	く
⑦桜島	桜	⑧筑後川	筑
（漢字練習）	（漢字練習）	（漢字練習）	（漢字練習）
（漢字練習）	（漢字練習）	（漢字練習）	（漢字練習）

九州・沖縄地方の山・川・平野を覚えよう！②

年　組　名前（　　　　　　　）

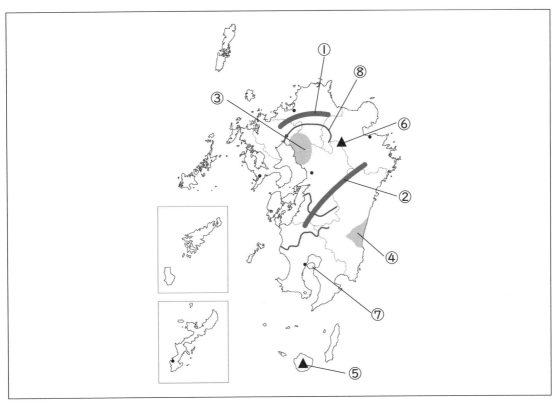

九州・沖縄地方の主な山（山地）・川・平野の名前を書こう。

①	②	③	④
⑤ （漢字練習）	⑥ （漢字練習）	⑦ （漢字練習）	⑧ （漢字練習）

06　九州・沖縄地方

九州・沖縄地方の県庁所在地を覚えよう！①

年　　組　名前（　　　　　　　　　）

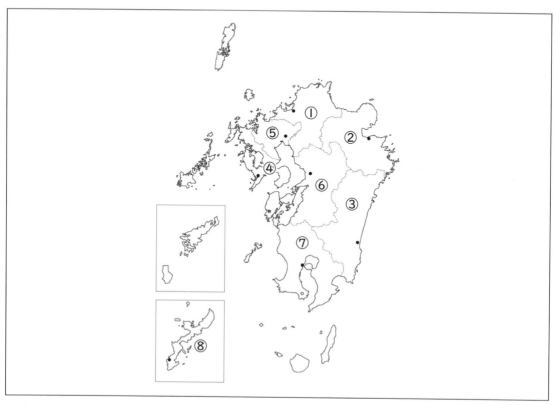

九州・沖縄地方の県庁所在地の名前をなぞり，右に練習しよう。

① 福岡	福	② 大分	大
③ 宮崎	宮	④ 長崎	長
⑤ 佐賀	佐	⑥ 熊本	熊
⑦ 鹿児島	鹿	⑧ 那覇	那
（漢字練習）	（漢字練習）	（漢字練習）	（漢字練習）

九州・沖縄地方の県庁所在地を覚えよう！②

年　組　名前（　　　　　　　）

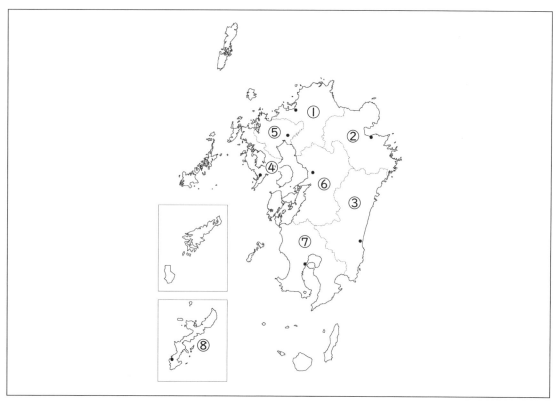

九州・沖縄地方の県庁所在地の名前を書こう。

①	②	③	④
⑤	⑥	⑦	⑧
（漢字練習）	（漢字練習）	（漢字練習）	（漢字練習）
（漢字練習）	（漢字練習）	（漢字練習）	（漢字練習）

06　九州・沖縄地方

九州・沖縄地方の県の位置を覚えるための面白ランキング

ランキングをみて，白地図で場所を何度も確認しよう！

九州・沖縄地方マンゴーの生産量ランキング（2018年）

|1位|…沖縄県（全国1位）／|2位|…宮崎県（全国2位）／|3位|…鹿児島（全国3位）

※バナナをもっとも食べない（消費量が少ない）都市が那覇市であることは面白い。

九州・沖縄地方趣味に使うお金（教養娯楽費）が少ないランキング（2022年）

|1位|…長崎県（全国1位）／|2位|…沖縄県（全国2位）／|3位|…佐賀県（全国4位）

※対馬や壱岐などの島もおすすめ。五島列島はたびたびテレビでも取り上げられる。

九州・沖縄地方バナナにお金を使わない都市ランキング（2021～2023年）

|1位|…大分市（大分県　全国1位）／|2位|…熊本市（熊本県　全国2位）／
|3位|…福岡市（福岡県　全国3位）

※岡城址は，滝廉太郎の「荒城の月」のモデルだと言われている。

九州・沖縄地方中華めんにお金を使わない都市ランキング（2021～2023年）

|1位|…佐賀市（佐賀県　全国1位）／|2位|…宮崎市（宮崎県　全国2位）／
|3位|…熊本市（熊本県　全国4位）

※逆にお金を使う都市1位は盛岡市。確かに中華めんのイメージが強い。

九州・沖縄地方マグロにお金を使わない都市ランキング（2022年）

|1位|…北九州市（福岡県　全国1位）／|2位|…長崎市（長崎県　全国2位）／
|3位|…福岡市（福岡県　全国3位）

※食べる量（消費量）が少ない都市は，1位が長崎市，2位福岡市。

九州・沖縄地方人口当たりの大型小売店（ショッピングモールなど）が少ないランキング（2021年）

|1位|…熊本県（全国1位）／|2位|…鹿児島県（全国2位）／|3位|…大分県（全国3位）

※熊本ラーメンは絶品である。

👑 九州・沖縄地方揚げかまぼこにたくさんお金を使う都市ランキング（2021～2023年）

1位…鹿児島市（鹿児島県　全国1位）／ **2位**…長崎市（長崎県　全国2位）／

3位…佐賀市（佐賀県　全国4位）

※さつま揚げはおいしい。全国3位は高松市。香川県の天ぷらとは揚げた練り物のことだとか。

👑 九州・沖縄地方ケーキにお金を使う金額が少ない都市ランキング（2021～2023年）

1位…宮崎市（宮崎県　全国1位）／ **2位**…北九州市（福岡県　全国2位）／

3位…長崎市（長崎県　全国3位）

※ちなみにケーキにお金を使う金額が多いのは金沢市。宮崎市の1.5倍！

参考文献・資料 📖🔍 九州・沖縄地方 (2024年3月20日最終閲覧)

農林水産省「令和4年鶏卵流通統計調査結果」

総務省統計局「令和2年国勢調査」

農林水産省「地域特産野菜生産状況調査」2020

総務省統計局「統計でみる都道府県のすがた2024」

総務省統計局家計調査「2021年～2023年平均品目別都道府県庁所在地及び政令指定都市ランキング」

国土交通省「一級河川水系別延長等調」

伊藤賀一監修『「47都道府県」地図帖の深読み事典』宝島社（2020年）

伊藤賀一『47都道府県の歴史と地理がわかる事典』幻冬舎新書（2019年）

博学こだわり倶楽部編『47都道府県　話のネタ大事典』河出書房新社（2020年）

佐賀市公式ホームページ『防災行政無線スピーカーからの定時チャイム放送について』(saga.lg.jp)

奄美新聞「ノヤギ，奄美の内陸部で増加」(2021年3月26日)(amamishimbun.co.jp)

宮古新報「市21年度，クジャク559羽駆除　県指定侵略的外来種—」(2022年5月22日)(miyakoshinpo.com)

※レストラン「シーサイド」に関しては筆者の現地での取材に基づきます。

※山の高さは国土地理院の「日本の主な山岳一覧」(gsi.go.jp)から筆者作成

※川の長さは国土交通省の「一級河川水系別延長等」から筆者作成

07 日本全国

日本全国の都道府県を覚えよう！

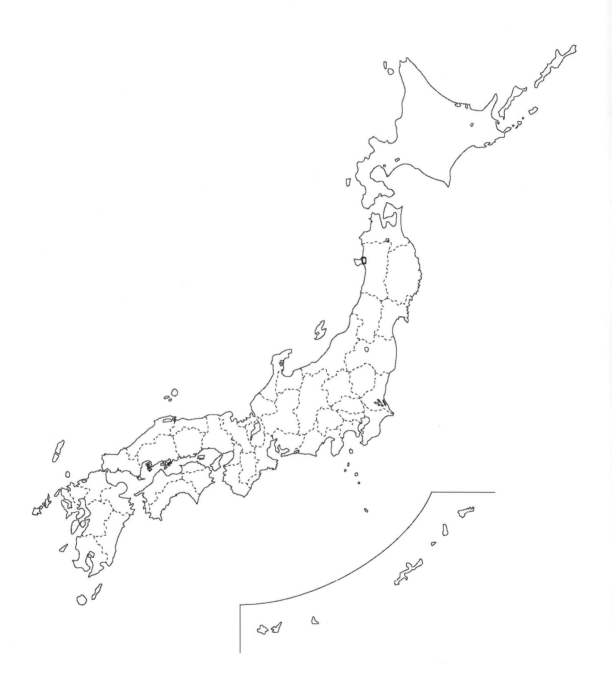

日本の国の特徴

全体として

○南北に長い国で，本州・北海道・九州・四国などの島からできている島国である。
○面積は世界61位で世界の国の中では大きい方になる。
○貿易のほとんどは海を通じたもの（海上貿易）である。
○本州の中央部には3000ｍ級の山が連なっており，「日本アルプス」とも呼ばれている。日本の山の高さランキングの上位のほとんどがこの地域である。
○日本の国土の4分の3が山地で，残りの4分の1の平地に多くの人が住んでいる。関東平野や大阪平野は人口が集まる代表的な平地。
○日本の代表的な産業は自動車産業。輸出台数は中国に次ぐ2位（2021年）。

思わず話したくなる！

日本の面白ネタ

○日本の島の数14125の島からなっている。令和5年に国土地理院が数え直して大幅に増えた。
○日本の面積はほとんどのヨーロッパの国よりも大きい。
○海岸線の長さは世界で6位。ちなみに1位はカナダ，2位はインドネシア。
○北海道の東の端と沖縄の西の端では，現実には1時間半ほどの時差がある（経度の差が約20度あるため）。
○日本人が最も住んでいる国は日本。日本以外ではアメリカ（約40万人），次に中国（約10万人），オーストラリア（約99000人）と続く。
○日本は平均寿命が最も長い国（2019年で84.26歳）。ちなみに，2位はスイスで83.45歳，3位は韓国で83.30歳。

ランキングで日本の都道府県の特徴と位置を覚えよう！①

年　　組　名前（　　　　　　　　　）

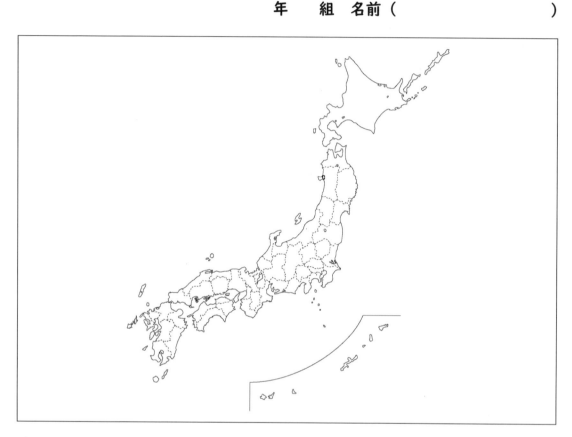

👑 1　全国人口の多さランキング

黒で上の地図に1位は①，2位は②，3位は③と書こう。

1位：東京都　2位：神奈川県　3位：大阪府

👑 2　全国人口の少なさランキング

赤で上の地図に1位は①，2位は②，3位は③と書こう。

1位：鳥取県　2位：島根県　3位：高知県

（苦手な都道府県の漢字練習）	（苦手な都道府県の漢字練習）	（苦手な都道府県の漢字練習）

ランキングで
日本の都道府県の特徴と位置を覚えよう！②

年　　組　名前（　　　　　　　　　）

👑 1　全国面積ランキング

黒で上の地図に１位は①，２位は②，３位は③と書こう。
　１位：北海道　　２位：岩手県　　３位：福島県

👑 2　全国湖の大きさランキング

赤で上の地図に１位は①，２位は②，３位は③と書こう。
　１位：琵琶湖（滋賀県）　　２位：霞ヶ浦（茨城県）　　３位：サロマ湖（北海道）

（苦手な都道府県の漢字練習）	（苦手な都道府県の漢字練習）	（苦手な都道府県の漢字練習）

ランキングで日本の都道府県の特徴と位置を覚えよう！③

年　　組　名前（　　　　　　　　　）

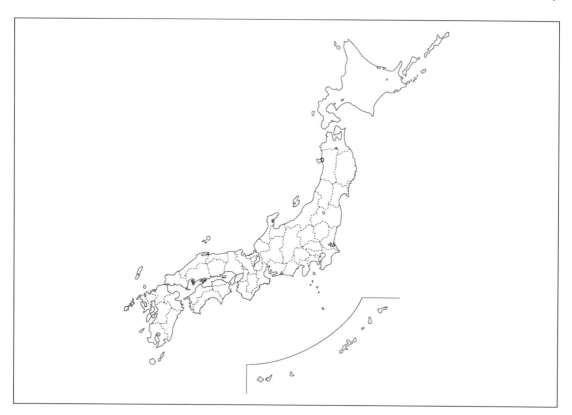

👑 1　全国川の長さランキング（河口のある都道府県）

黒で上の地図に１位の都道府県は①，２位は②，３位は③と書こう。

１位：信濃川（新潟県）　２位：利根川（千葉県）　３位：石狩川（北海道）

👑 2　全国山の高さランキング

赤で上の地図に１位は①，２位は②，３位は③と書こう。

１位：富士山（静岡県・山梨県）　２位：北岳（山梨県）

３位：奥穂高岳（長野県・岐阜県）

（苦手な都道府県の漢字練習）	（苦手な都道府県の漢字練習）	（苦手な都道府県の漢字練習）

ランキングで
日本の都道府県の特徴と位置を覚えよう！④

年　　組　名前（　　　　　　　　　）

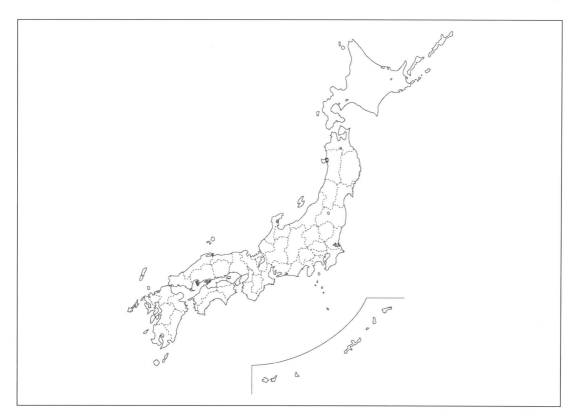

1　全国イワシの漁獲量ランキング （2022年）

黒で上の地図に1位は①，2位は②，3位は③と書こう。
1位：茨城県　　2位：長崎県　　3位：千葉県

2　全国アジの漁獲量ランキング （2022年）

赤で上の地図に1位は①，2位は②，3位は③と書こう。
1位：長崎県　　2位：島根県　　3位：宮崎県

（苦手な都道府県の漢字練習）	（苦手な都道府県の漢字練習）	（苦手な都道府県の漢字練習）

ランキングで日本の都道府県の特徴と位置を覚えよう！⑤

年　　組　名前（　　　　　　　　　）

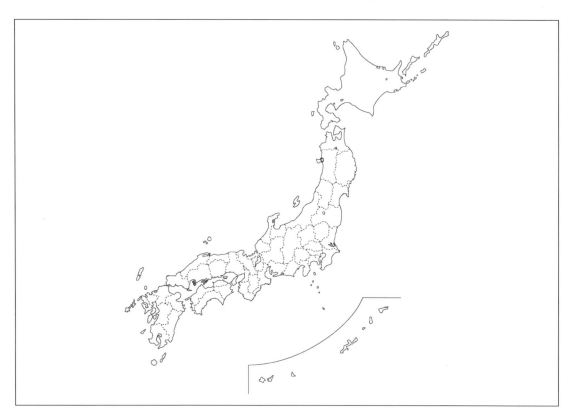

♛ 1　全国りんごの生産量ランキング

黒で上の地図に1位は①，2位は②，3位は③と書こう。
1位：青森県　2位：長野県　3位：岩手県

♛ 2　全国みかんの生産量ランキング

赤で上の地図に1位は①，2位は②，3位は③と書こう。
1位：和歌山県　2位：愛媛県　3位：静岡県

（苦手な都道府県の漢字練習）	（苦手な都道府県の漢字練習）	（苦手な都道府県の漢字練習）

ランキングで
日本の都道府県の特徴と位置を覚えよう！⑥

年　　組　名前（　　　　　　　　　）

👑 1　全国市の数が多いランキング（2024年1月時点）

黒で上の地図に1位は①，2位は②，3位は③と書こう。
1位：埼玉県（40）　2位：愛知県（38）　3位：千葉県（37）

👑 2　全国海から県庁が遠いランキング

赤で上の地図に1位は①，2位は②，3位は③と書こう。
1位：群馬県　2位：岩手県　3位：栃木県

（苦手な都道府県の漢字練習）	（苦手な都道府県の漢字練習）	（苦手な都道府県の漢字練習）

07　日本全国

ランキングで
日本の都道府県の特徴と位置を覚えよう！⑦

年　　組　名前（　　　　　　　　　）

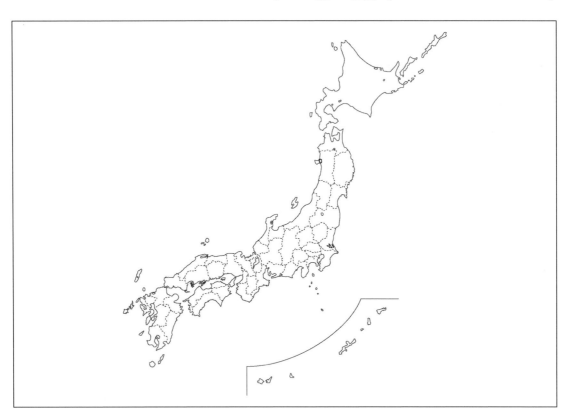

👑 1　全国海外旅行好きランキング（年間行動者率　2021年）

黒で上の地図に1位は①，2位は②と書こう。
　1位：京都府　　2位：兵庫県・滋賀県・茨城県

👑 2　全国1年で1番ガソリンを使う都市ランキング（2021～2023年）

赤で上の地図に1位は①，2位は②，3位は③と書こう。
　1位：津市（三重県）　2位：山口市（山口県）　3位：富山市（富山県）

（苦手な都道府県の漢字練習）	（苦手な都道府県の漢字練習）	（苦手な都道府県の漢字練習）

ランキングで
日本の都道府県の特徴と位置を覚えよう！⑧

年　　組　名前（　　　　　　　　　）

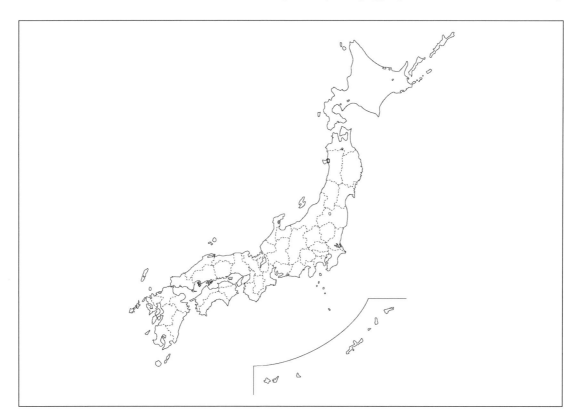

♛ 1　全国若者の割合が多いランキング（2022年）

黒で上の地図に1位は①，2位は②と書こう。

1位：沖縄県　2位：滋賀県・佐賀県

♛ 2　全国お年寄りの割合が多いランキング（2022年）

赤で上の地図に1位は①，2位は②，3位は③と書こう。

1位：秋田県　2位：高知県　3位：山口県

（苦手な都道府県の漢字練習）	（苦手な都道府県の漢字練習）	（苦手な都道府県の漢字練習）

07　日本全国

ランキングで日本の都道府県の特徴と位置を覚えよう！⑨

年　　組　名前（　　　　　　　　　）

👑 1　全国電気の消費量が多い都市ランキング

黒で上の地図に1位は①，2位は②，3位は③と書こう。

1位：福井市（福井県）　2位：富山市（富山県）　3位：金沢市（石川県）

👑 2　全国通勤・通学時間が短いランキング

赤で上の地図に1位は①，2位は②，3位は③と書こう。

1位：宮崎県　2位：山形県　3位：愛媛県

（苦手な都道府県の漢字練習）	（苦手な都道府県の漢字練習）	（苦手な都道府県の漢字練習）

ランキングで
日本の都道府県の特徴と位置を覚えよう！⑩

年　　組　名前（　　　　　　　　　　）

👑 1　全国果物にお金をかけない都市ランキング（2021～2023年）

黒で上の地図に1位は①，2位は②，3位は③と書こう。
1位：佐賀市（佐賀県）　2位：熊本市（熊本県）　3位：広島市（広島県）

👑 2　全国スポーツドリンクにお金を使う都市ランキング（2021～2023年）

赤で上の地図に1位は①，2位は②，3位は③と書こう。
1位：山形市（山形県）　2位：徳島市（徳島県）　3位：福島市（福島県）

（苦手な都道府県の漢字練習）	（苦手な都道府県の漢字練習）	（苦手な都道府県の漢字練習）

ランキングで日本の都道府県の特徴と位置を覚えよう！⑪

年　　組　名前（　　　　　　　　　）

1 全国生うどん・そばをたくさん食べる都市ランキング
（2021〜2023年）

黒で上の地図に1位は①，2位は②，3位は③と書こう。

1位：高松市（香川県）　2位：和歌山市（和歌山県）　3位：大津市（滋賀県）

2 全国乳酸菌飲料にお金を使わない都市ランキング（2021〜2023年）

赤で上の地図に1位は①，2位は②，3位は③と書こう。

1位：大分市（大分県）　2位：福岡市（福岡県）　3位：札幌市（北海道）

（苦手な都道府県の漢字練習）	（苦手な都道府県の漢字練習）	（苦手な都道府県の漢字練習）

ランキングで 日本の都道府県の特徴と位置を覚えよう！⑫

年　　組　名前（　　　　　　　　　）

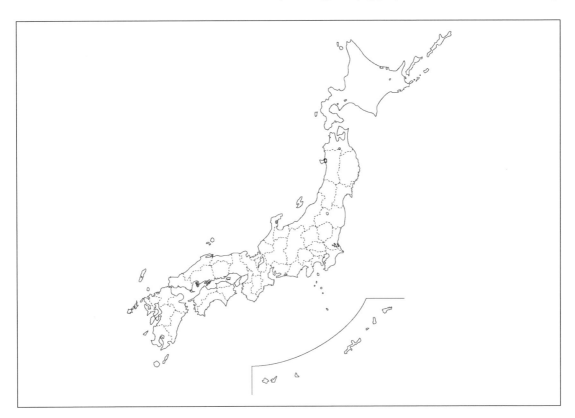

👑 1　全国食パンにかけるお金が少ない都市ランキング（2021〜2023年）

黒で上の地図に１位は①，２位は②，３位は③と書こう。
１位：秋田市（秋田県）　２位：鹿児島市（鹿児島県）　３位：宮崎市（宮崎県）

👑 2　全国牛肉を食べる量が多い都市ランキング（2021〜2023年）

赤で上の地図に１位は①，２位は②，３位は③と書こう。
１位：奈良市（奈良県）　２位：大阪市（大阪府）　３位：堺市（大阪府）

（苦手な都道府県の漢字練習）	（苦手な都道府県の漢字練習）	（苦手な都道府県の漢字練習）

07　日本全国　129

都道府県の位置を覚えるための面白ネタ

日本三大○○をみて，白地図で都道府県の場所を何度も確認しよう！

※日本三大○○については諸説あるものもある。

♛ **三大花火大会**
○大曲の花火（秋田県）　○長岡まつり花火大会（新潟県）　○土浦全国花火競技大会（茨城県）

♛ **三大名瀑**
○華厳の滝（栃木県）　○那智の滝（和歌山県）　○袋田の滝（茨城県）

♛ **三名泉（温泉）**
○草津（群馬県）　○有馬（兵庫県）　○下呂（岐阜県）

♛ **三名園**
○偕楽園（茨城県）　○後楽園（岡山県）　○兼六園（石川県）

♛ **三大祭り**
○祇園祭（京都府）　○天神祭（大阪府）　○神田祭（東京都）

♛ **三大悪風**
○広戸風（岡山県）　○清川だし（山形県）　○やまじ風（愛媛県）

♛ **三大暴れ川**　※河口のある県を記載。
○利根川（坂東太郎　千葉県）　○筑後川（筑紫次郎　福岡県・佐賀県）　吉野川（四国三郎　徳島県）

♛ **三名山**
○富士山（山梨県・静岡県）　白山（石川県・岐阜県）　○立山（富山県）

♛ **三大商人**
○大坂商人（大阪府）　○近江商人（三重県）　○伊勢商人（三重県）

♛ **三大そば**
○戸隠そば・信州そば（長野県）　○出雲の割子そば（島根県）　○わんこそば（岩手県）

♛ **三大頑固**
○肥後・もっこす（熊本県）　○土佐・いごっそう（高知県）　○津軽・じょっぱり（青森県）

♛ **三大急流**
○富士川（静岡県）　○最上川（山形県）　○球磨川（熊本県）

♛ **三大急潮（流れが強い海のポイント）**
○鳴門海峡（徳島県）　○来島海峡（愛媛県）　○関門海峡（山口県・福岡県）
　もしくは……○針尾瀬戸（長崎県）

👑 三大渓（渓谷や崖）
○猊鼻渓（岩手県）　○嵯峨渓（宮城県）　○耶馬渓（大分県）

👑 三大珍味
○野母のカラスミ（長崎県）　○越前のウニ（福井県）　○三河のコノワタ（愛知県）

👑 三大ねぎ
○下仁田ねぎ（群馬県）　○博多万能ねぎ（福岡県）　岩津ねぎ（兵庫県）

👑 三大まんじゅう
○志ほせ饅頭（京都府）　○大手まんぢゅう（岡山県）　○薄皮まんじゅう（福島県）

👑 三大夜景
○神戸（兵庫県）　○函館（北海道）　○長崎（長崎県）

👑 三大ダム
○黒部ダム（富山県）　○奥只見ダム（福島県）　○御母衣ダム（岐阜県）

👑 三大桜
○神代桜（山梨県）　○三春滝桜（福島県）　○淡墨桜（岐阜県）

👑 三大砂丘（規模）
○鳥取砂丘（鳥取県）　○南遠大砂丘（静岡県）　○吹上浜（鹿児島県）

👑 三景
○丹後の天橋立（京都府）　○安芸の宮島（広島県）　○陸奥の松島（宮城県）

参考文献・資料　📖🔍 日本全体（2024年8月5日最終閲覧）

農林水産省「令和4年産果樹生産出荷統計」

農林水産省「令和4年畜産物流通統計」

農林水産省「令和4年漁業・養殖業生産統計」

総務省統計局「令和2年国勢調査」

国土交通省「一級河川の河川延長等調＊水系別・指定年度別・地整整備局等別延長等調」

総務省統計局「社会生活基本調査から分かる都道府県ランキング」

世界の「ふしぎ雑学」研究会『王様文庫　図解　日本の「三大」なんでも事典』三笠書房（2012年）

総務省統計局「統計でみる日本のすがた2024」

※山の高さは国土地理院の「日本の主な山岳一覧」（gsi.go.jp）から筆者作成

※川の長さは国土交通省の「一級河川の概要」から筆者作成

おわりに

　本書は1年間の育児休業期間中に書き上げました。たっぷり絵本を読んで子供たちが寝静まった後です。

　さて，この本の裏のテーマは，「自分の住む都道府県が好きになる」というもの。学習に用いずとも，ランキングを知るだけでも十分この本の存在の意義はあります。「へー，うちの県ってそうやったんや」なんて感じる人が一人でも増えれば執筆者冥利に尽きるというものです。

　そしてもう一つの裏のテーマは「しんどいけれども頑張りたい先生に少しでも力になる」というもの。この本をちょうど書き上げるタイミングで，育休からの復帰後に教務主任の公務分掌をいただくことがわかりました。教務主任にとって大事なことは何か。年度当初の顔合わせで職員に語ることを紹介してこの本のまとめとしましょう。

①職員室の主役は管理職や担任外でなく，担任の先生方であるということ。
②誰に気兼ねすることなく休暇を取ってくださいということ。
③皆さんはかけがえのないたった一人の存在であるが，それは家族や恋人にとってであって，仕事に対してではないということ。
④だから，気にせず逃げたい時は逃げてほしい。フォローは全てこちらでするし，それが教務主任の仕事であるということ。
⑤自分が楽をして，他者に苦労をさせる人間には厳しい態度で臨むこと。
⑥職員の苦しんでいる姿から目を背ける者には厳しい態度で臨むこと。
⑦立場が上のものと下のもので対立した時は，下の味方になること。

　このような立場で，私は現在のところ，教職員として働いています。しかしこんな自分は教員に向いているとは，言えないかもしれないと感じ始めています。

　私の著書に貫かれる哲学は「辛い立場の人への寄り添いを実行する」ということです。どうかこの本で救われる人が一人でも増えますように。そしてしんどい思いをしている先生方，どうぞいつでもご連絡ください。

令和6年　3月31日　午後11時50分
育児休業期間が残り10分となった自宅にて
阿部　雅之

【著者紹介】

阿部　雅之（あべ　まさゆき）

1984（昭和59）年神戸市生まれ。公認心理師。大阪教育大学卒業。専門は社会科教育学。マレーシア・ペナン日本人学校を経て現在東大阪市立小学校勤務。1年間の育児休業後，現場復帰。中学校英語科教諭の免許の取得を予定しており，現在はイギリスの大学院留学のための準備を進めている。趣味はサッカー観戦と育児。

社会科授業サポートBOOKS

面白ネタ＆ランキングで覚える
都道府県完全学習BOOK

2025年2月初版第1刷刊　©著　者　阿　部　雅　之

発行者　藤　原　光　政

発行所　明治図書出版株式会社
　　　　http://www.meijitosho.co.jp
　　　　（企画）林　知里（校正）吉田　茜
〒114-0023　東京都北区滝野川7-46-1
振替00160-5-151318　電話03（5907）6703
ご注文窓口　電話03（5907）6668

＊検印省略　　　　　組版所　中　央　美　版

本書の無断コピーは，著作権・出版権にふれます。ご注意ください。
教材部分は，学校の授業過程での使用に限り，複製することができます。

Printed in Japan　　　　ISBN978-4-18-316810-8
もれなくクーポンがもらえる！読者アンケートはこちらから

教室の心理的安全性
クラスをHAPPYにする教師のリーダーシップとマネジメント

星野 達郎 著
定価2,420円（10％税込）　図書番号3400

やさしくわかる生徒指導提要ガイドブック

八並 光俊・石隈 利紀・田村 節子・家近 早苗 編著
定価2,200円（10％税込）　図書番号1305

できる教師の習慣大全
結果を出すマインドセット

森川 正樹 編著／教師塾「あまから」 著
定価2,530円（10％税込）　図書番号2055

小1担任のためのスタートカリキュラムブック

安藤 浩太 著
定価2,486円（10％税込）　図書番号2254

イラスト図解 AさせたいならBと言え
子どもが動く指示の言葉

岩下 修 著
定価2,310円（10％税込）　図書番号9158

明治図書　携帯・スマートフォンからは　**明治図書ONLINEへ**　書籍の検索、注文ができます。▶▶▶

http://www.meijitosho.co.jp ＊併記4桁の図書番号（英数字）でHP、携帯での検索・注文が簡単に行えます。

〒114－0023　東京都北区滝野川7－46－1　ご注文窓口　TEL 03－5907－6668　FAX 050－3156－2790

待望の5年社会！

授業が100倍楽しくなる！
絶対考えたくなる面白ネタ満載

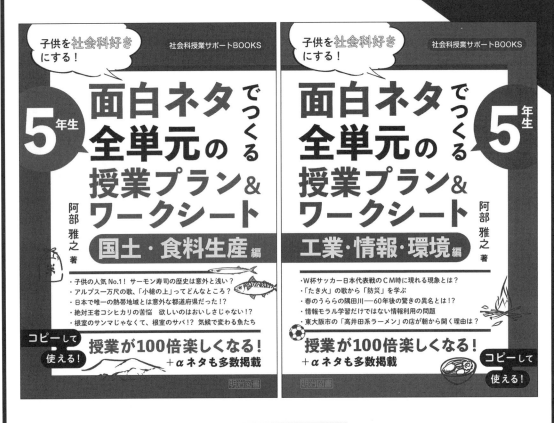

授業をもっと楽しくする＋αネタ

アルプス一万尺の歌、「小槍の上」ってどんなところ？
日本で唯一の熱帯地域とは意外な都道府県だった⁉
根室のサンマじゃなくて、根室のサバ⁉　気候で変わる魚たち
W杯サッカー日本代表戦のCM時に現れる現象とは？
「たき火」の歌から「防災」を学ぶ
春のうららの隅田川―60年後の驚きの異名とは⁉　…etc.

各A5判・136頁
定価2,090円（10％税込）
図書番号 3165・3166

阿部 雅之 著

明治図書　携帯・スマートフォンからは **明治図書ONLINE** へ　書籍の検索、注文ができます。▶▶▶
http://www.meijitosho.co.jp　＊併記4桁の図書番号（英数字）でHP、携帯での検索・注文が簡単に行えます。
〒114-0023　東京都北区滝野川7-46-1　ご注文窓口　TEL 03-5907-6668　FAX 050-3156-2790

授業が100倍楽しくなる！
絶対考えたくなる面白ネタ満載

続々重版！

単に楽しいだけのネタではなく、子供たちに本物の力をつけるために、学習する時代を捉えるネタを選りすぐって掲載。具体的な発問とともに授業の流れがわかるので、授業づくりもバッチリ！すべての授業プランでコピーして使えるワークシート付。

子供を歴史好きにする！
社会科授業サポートBOOKS
阿部雅之 著

面白ネタでつくる全時代の授業プラン＆ワークシート

- 古墳づくりをする人に給料は支払われたか？
- 平安時代、「おはよう！」は言わなかった？
- くじ引きで選ばれた将軍がいた!?
- 武士や町人はどうやって年貢を払ったか？
- なぜ官営工場1号は富岡に造られたか？
- 国際的イベントは世相を反映する

コピーして使える！

授業が100倍楽しくなる！
＋αネタも多数掲載

A5判・176頁
定価2,200円（10％税込）
図書番号2876

阿部雅之 著

授業をもっと楽しくする＋αネタ

学者たちは卑弥呼を美人だと考えているか？　古墳づくりをする人に給料は支払われたか？
遣隋使成功は聖徳太子の功績ではない？　平安時代、「おはよう！」は言わなかった？
節分ではワタナベさんのもとには鬼が来ない？　くじ引きで選ばれた将軍がいた！？
武士や町人はどうやって年貢を払ったか？　なぜ官営工場1号は富岡に造られたか？　…etc.

明治図書　携帯・スマートフォンからは **明治図書ONLINEへ**　書籍の検索、注文ができます。▶▶▶

http://www.meijitosho.co.jp ＊併記4桁の図書番号（英数字）でHP、携帯での検索・注文が簡単に行えます。

〒114-0023　東京都北区滝野川7-46-1　ご注文窓口　TEL 03-5907-6668　FAX 050-3156-2790